中国共产党诞生地
出版工程

龙华英烈画传系列丛书

罗石冰画传

中共上海市委党史研究室　龙华烈士纪念馆　编

吴晓丽　著

上海人民出版社

出版说明

　　"一个有希望的民族不能没有英雄，一个有前途的国家不能没有先锋。"习近平总书记强调，我们缅怀革命先烈，为的是继承他们的遗志，发扬他们的精神，不忘初心，牢记使命，在他们用生命和鲜血开辟的道路上不懈奋斗、永远奋斗。为弘扬伟大建党精神、用好英烈红色资源，优化英模人物宣传学习机制，推动全社会崇尚英雄、缅怀先烈、争做先锋，从中汲取奋进中国式现代化的强大精神力量，由中共上海市委宣传部组织，中共上海市委党史研究室、龙华烈士纪念馆编写"龙华英烈画传系列丛书"，致敬为真理上下求索、为信仰奋斗牺牲的革命先驱们。

　　上海市龙华烈士陵园（龙华烈士纪念馆）是党的创建和大革命时期、土地革命战争时期著名英烈人物最为集中的纪念地，是记录中华民族近现代英雄史诗的丰碑，也是上海建设社会主义现代化国际大都市的红色文化根脉。在新中国成立前，中国共产党产生了 171 位中央委员，其中有 42 人牺牲，在龙华牺牲了 7 位，占六分之一；首届中共中央监察委委员 10 人中有 8 人牺牲，在龙华牺牲了 4 位，占二分之一；其他曾在龙华被关押过的革命者更是数以千计。2021 年 7 月，为庆祝中国共产党成立 100 周年，"龙华英烈画传系列丛书"推出第一辑共 11 册，讲述了罗亦农、杨殷、彭湃、陈延年、赵世炎、陈乔年、林育南、杨匏安、张佐臣、许白昊、杨培生 11 位龙华英烈的事迹。2023 年 10 月，推出丛书第二辑 5 册，讲述了李求实、柔石、胡也频、冯铿、殷夫"左联五烈士"的事迹。2024 年，又推出丛书第三辑 6 册，讲述"龙华二十四烈士"中何孟雄、龙大道、欧阳立安、罗石冰、恽雨棠、李文、彭砚耕、刘争、汤仕佺、汤仕伦、伍仲文、蔡博真、贺治平、费达夫、段楠、王青士、李云卿等 17 位烈士的事迹。丛书按照烈士生平脉络，选取若干重要历史事件，配以反映历史背景、切合主题内容、延伸相关阅读的丰富历史图片，以图文并茂的方式叙写龙华英烈们在风雨如晦中坚持真理、坚守理想，在筚路蓝缕中践行初心、担当使命，在艰难寻路中不怕牺牲、英勇斗争，在生死考验中对党忠诚、不负人民的崇高精神，彰显了早期中国共产党人把人生价值和理想追求深深植根于谋求民族复兴、人民幸福之中，为革命披肝沥胆、甘洒热血的牺牲与奉献。

丛书所收录的图片和史料多源自各兄弟省市党史研究室、纪念场馆，以及中共上海市委党史研究室、龙华烈士纪念馆等的公开出版物及展陈，或源自英烈后代、专家学者的珍藏。基本采用历史事件发生时期的老照片，但由于年代久远且条件有限，部分无法直接利用的老照片，或进行必要修复，或通过对现存史料进行考证后重新拍摄。

丛书反映内容跨度长、涉及面广、信息量大且年代久远，编写人员虽竭尽全力，但不足和疏漏之处在所难免，敬请广大读者批评指正。

目录

自幼追求进步　全力驱除腐恶

LUO SHIBING

聪明伶俐

1896 年 10 月 7 日，罗石冰出生在江西省庐陵县延福乡大安井头村（现江西省吉安县万福镇井头村）一户商人家庭，又名石彬、菁华、庆元，号子实，化名岩山、崖山。

罗石冰的家乡地处江西省中部、赣江流域中游，水陆交通方便。父亲罗吉美利用水运交通便利的条件，从外地购进洋纱，在当地转卖，从中赚取差价。他逐步打通进货和销售的渠道，使得洋纱买卖日益兴隆，家境由此变得颇为殷实。母亲郭氏先后生育五男两女。1896 年，三子罗石冰出生。罗石冰从小就聪明伶俐，

罗石冰

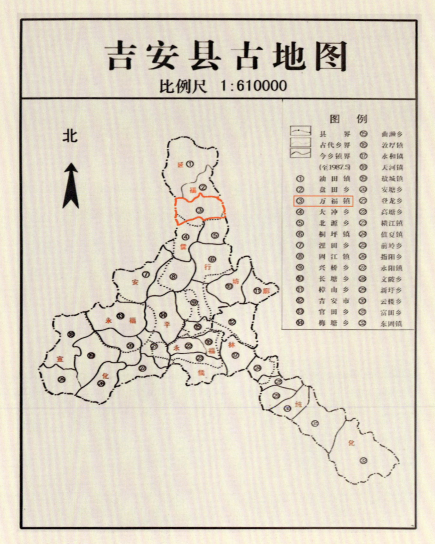

吉安县古地图

比例尺 1:610000

北

民国时期吉安县地图

罗石冰画传

万福镇镇口牌楼

井头村古井

罗石冰母亲郭氏肖像画

罗石冰故居

心地善良。

思想启蒙

1903 年，7 岁的罗石冰开始在大安井头村的私塾接受启蒙教育。1908 年，他又就读于本村的经馆。他勤奋好学，对知识充满渴望，常常读书至深夜。先生所讲授的经典，他总能迅速领悟并融会贯通。然而，他并不满足于传统的学问，常常对书中的道理提出自己独特的见解。1911 年，15 岁的罗石冰以优异的成绩考取庐陵高等小学堂。罗石冰在庐陵高等小学堂学习期间，所接受的教育已不再局限于传统的经学。这里引入了新的教育理念和方法，注重学生的全面发展。课程设置包含国文、算术、历史等，丰富多样。罗石冰对这样的新式教育十分喜欢。新式教育仿佛为他打开了一扇崭新的大门，让他看到了不一样的世界。国文课提升了他对语言文字的理解与运用能力，算术培养了他的逻辑思维，历史让他知晓古今兴衰，地理则使他了解广袤天地，图画激发了他的艺术感知，体操则锻炼了他的体魄。他立志要学习更多先进的教育理念，1914 年从庐陵高等小学堂毕业后，成功考入江西省立第一师范学校。

1914 年创建的江西省立第一师范学校，是如今豫章师范学院的前身。在校园里，罗石冰的住所略显狭小，却别有一番风景，屋内书架排列紧凑，书籍琳琅满目。罗石冰在求知的道路上孜孜不倦，常常沉浸于阅读之中。有一次课间休息，一位同学找罗石冰，想与他分享一件新奇的事儿。然而，此时的罗石冰正沉浸在手中的书本里，完全被书中的知识所吸引。同学连叫了他几声，他都没有反应，只顾着埋头读书。直到上课铃声响起，同学无奈地离开，他都没有察觉。后来当他回过神来，才想起同学来找过他，不禁感到抱歉。他尤其喜欢阅读历史书籍，在翻阅那些厚重的历史典籍时，他不放过任何一个细节，从古老的朝代更替到近代的社会变迁，他都会在书页的空白处写下自己的见解和疑问，试图从历史的长河中找寻解决现实问题的线索和启示。

他不仅醉心于书籍的世界，还时刻关注着时事政治，他喜欢阅读报纸上的新闻，与同学们讨论国内外的局势变化。对于重大的政治事件，他会详细地记录在笔记本上，思考其中的缘由和影响。省立第一师范的校长王寿彭思想进步，与陈独秀是好友，因着这层关系，学校常收到陈独秀主编的《新青年》。罗石冰的勤奋与热忱，深得校长青睐。但凡有新的《新青年》寄到学校，校长都会告知罗石冰。罗石冰常常迫不及待地前往校长室，每次踏入那扇门，他的目光便急切地搜寻着新到的期刊。他会找一个角落坐下，如饥似渴地阅读起来，神情专注而投入，时而微微点

《新青年》第三卷第二号

头，时而蹙眉深思，完全沉浸在进步思想的海洋中。

王寿彭多次目睹罗石冰专注阅读的模样，心中满是欣赏。在一次全校师生的大会上，王寿彭当着众人的面，毫不吝啬地夸赞罗石冰。他说："罗石冰同学，勤奋好学，对进步思想充满热忱。依我看，假以时日，他必能成就一番伟大的事业，为国家和社会作出卓越的贡献！"校长的夸赞在人群中引起了一阵轰动，而罗石冰则在大家敬佩的目光中，更加坚定了自己追求真理的决心。

罗石冰不满父亲依靠剥削劳动人民血汗而获得利益，劝他不要与群众对立，让父亲停止经营洋纱。父亲不听劝阻，还质问他，如果不经营洋纱，怎么供他读书。罗石冰十分愤恨，决心要改变这不公的现状。当地群众知道这一情况后，称赞他大公无私，将来定能担当大事。

罗石冰为创办进步学会，还与一群志同道合、满怀激情的进步青年齐心协力，不辞辛劳地奔走筹集资金。经过精心筹备，贯一学会在南昌创立。学会为当时南昌的知识分子搭建了一个交流平台。在学会组织的研讨活动以及聚会中，青年们聚集在一起自由地分享关于民主、科学、文化等的见解和观点，促进了新思想在更广泛范围内的传播和扩散。之后，他们又在吉安城设立分会。为了让学会顺利运转，罗石冰省吃俭用，甚至不惜拿出自己微薄的积蓄。

吉安城内开始售卖《向导》《新青年》《学生杂志》等进步刊物，众多青年争相阅读，仿佛被点燃了思想的火种，纷纷投身于

罗石冰的江西省立第一师范学校毕业证书

罗石冰画传

研究和宣传革命思想的热潮之中。一场以反对旧道德、提倡新道德，反对旧文化、倡导新文化，反对封建迷信、推崇民主科学为核心的新文化运动火种正在吉安酝酿。

1919 年 3 月，罗石冰从省立第一师范毕业，回到家乡吉安，受聘在吉安县立高等小学校任理科教员。他对阅读怀着炽热的情感，凭借这份热情积累了广博的学识。当他站在讲台上教学时，态度严谨认真，每一个知识点都讲解得清晰透彻。他极富逻辑性的讲述，让学生们全神贯注地沉浸其中。罗石冰的衣着质朴简单，这种朴素的风格使他更具亲和力。也正因如此，他深受学生们喜爱，农家子弟们都乐意主动亲近他，还满含敬意地称呼他为"种田老师"。

在这里，罗石冰和同为教员的刘九峰常常相聚交流。他们志同道合，心怀革命的理想与信念。他们在交流中互相启发，一致

刘九峰

认为：中国迫切需要一场全方位、深层次的变革，而青年毫无疑问应当勇敢地挑起时代赋予的重任。

罗石冰不仅在思想上进步，在行动上更是敢为人先。他积极教导学生用白话文进行文章创作。他激情洋溢地讲述白话文的魅力和优势，鼓励学生们勇敢地摆脱旧有的束缚，用这种更加贴近生活、通俗易懂的语言形式，去抒发内心的真情实感。他耐心地指导学生们如何构思、如何组织语言，如何让文字更富有感染力。他还带领学生制作墙报，色彩斑斓、内容丰富的墙报，成了校园里一道道亮丽的风景线，吸引众多师生驻足观看。同时，他大力倡导变革教育制度。他发表慷慨激昂的演讲，撰写犀利深刻的文章，指出陈旧僵化的教育模式的弊端。他深入研究教育理论，借鉴先进的教育经验，结合实际情况，提出一系列教育制度改革方案。他四处奔走，与各方人士沟通交流，争取支持和合作，努力推动着教育的革新与发展。在这一过程中，罗石冰遭遇了无数的困难和阻碍。有人对他冷嘲热讽，认为他是在痴人说梦；有人给他施加压力，试图让他放弃。但他从未动摇过自己的信念，始终坚守着那份对教育事业的热爱和执着。

五四运动爆发后，罗石冰迅速行动起来，组织当地学生积极响应。罗石冰目光炯炯，声音激昂，他给学生们讲帝国主义侵华史，从鸦片战争的硝烟弥漫到八国联军的烧杀抢掠，他给学生讲人民反抗斗争的感人故事，从三元里抗英的英勇无畏到义和团运动的不屈不挠，那些惨痛的历史细节、悲壮的场景在他的讲述中仿佛重现在学生们眼前。他时而紧握拳头，表达对帝国主义的愤怒；时而语调深沉，悼念牺牲的烈士。学生们被他的情绪所感染，悲愤交加、群情激昂。通过他生动的讲述，历史不再是书本上枯燥的文字，而是一幅幅鲜活的画面，深深地烙印在学生们的心中。

在罗石冰的激励下，吉安县的学生们群情振奋，他们发出了《坚决反对军阀政府出卖祖国，坚决支援北京学生反帝爱国运动》的宣言。这份宣言如同一道划破黑暗的闪电，学生们走上街头，散发传单，举行集会，用自己的行动声援北京的爱国学生。

罗石冰任教的吉安县立高等小学校长谢邦宪不学无术、纨绔成性，一名正义的学生因揭露其丑行而遭受处分。罗石冰没有选择沉默和退缩，他勇敢地站在正义的一方，带领学生们与不公进行坚决的斗争。他们的呼声传到了县教育局，最终县教育局同意更换校长。然而，继任校长邹古愚的到来，让学校再次陷入混乱。作为亲日派政客，他空居高位却无真才实学，师生们同仇敌忾，一致抵制。罗石冰坚持正义，挺身而出，支持并领导着大家。学生们手持木棍守卫校门，让邹古愚四次吃了闭门羹。不仅如此，罗石冰还组织学生罢课，散发传单，呼吁各方支援，将学

1919 年 5 月 4 日，北京爆发五四运动

潮的影响扩散至整个县城。在师生们的强大压力下，县教育局不得不妥协，答应了师生们的合理诉求。1923 年 10 月，罗石冰发现了县教育局局长贪污店租的丑恶行径。他毫不迟疑，迅速召集学生联合会商议对策，随后组织 300 多名学生直奔县衙。面对县知事和小吏的蛮横回绝，学生们在罗石冰的带领下据理力争，最终迫使县知事清查账目，追回款项，让贪污者得到应有的惩罚。

报考上海大学　融入革命熔炉

LUO SHIBING

赴沪求学

1923 年冬，罗石冰收到刘九峰的来信。这时的刘九峰已经辞去吉安县立高等小学校的教员职务，来到了上海。他在信中写道，上海大学是一所充满活力、宣传革命的学校，那里汇聚着众多志同道合的有志之士，此时的上海大学正在招生。罗石冰读完信后，内心久久不能平静，这无疑是一个难得的机遇。

原来，罗石冰对上海这所新组建的大学早有耳闻。上海大学是 1922 年 10 月由东南高等专科师范学校改组而成，国民党元老于右任出任校长。1923 年 4 月，于右任向李大钊征询协助办好上海大学的人选，李大钊当即向于右任推荐了共产党人邓中夏。之后，邓中夏担任上海大学校务长，负责主持校政。他到校后即对学校实施改组，将学校分为三个系，即社会学系、中文系和英文系，制定规划、撰写《上海大学章程》，改变学制，组建有真才实学、有革命抱负的教师队伍。后来，陈独秀又介绍瞿秋白到上海大学任职教务长兼社会学系主任。上海大学实际上成为中国共产党培养革命人才的学校。

罗石冰决定辞去吉安县立高等小学教员的工作，离开家乡，报考向往已久的上海大学。上海大学录取新生比较严格，特别是社会学系，入学时要考中文、政治、伦理、数学和英语五门课

上海大学西摩路遗址　　　　　　　师寿坊上海大学临时校舍

于右任

上海大學啓事

1922 年 10 月 22 日、23 日，《申报》连续两日刊登的《上海大学启事》："本校原名东南高等师范专科学校，因东南两字与国立东南大学相同，兹从改组会议议决变更学制，定名上海大学。公举于右任先生为本大学校长。此布。"

1923 年 4 月 23 日，《申报》刊登的《上海大学新聘总务长》："本埠上海大学，现为整顿校务起见，特请邓安石君为总务长，邓君为北大文科之毕业生云"

邓安石（即邓中夏）

1923 年 8 月 12 日，《民国日报 》刊登的《上海大学之近况》，报道教务长瞿秋白、总务长邓安石君被如皋暑期讲习会请去讲学

邓中夏起草、于右任题名的《上海大学章程》

瞿秋白

1923 年 8 月，瞿秋白在《民国日报》副刊《觉悟》上发表的《现代中国所当有的 "上海大学"》，主张上海大学应有时代性、革命性，以担负时代所赋予的使命和革命的责任

程，录取思想进步、成绩优良的学生。罗石冰随即投入紧张而艰苦的备考之中，他几乎把自己所有的时间和精力都倾注在学习上。经过辛勤努力，1924 年 2 月，罗石冰终于如愿以偿，被上海大学社会学系录取。

根据中共三大后制定的开展知识分子教育的方针，上海大学的社会学系将马克思主义理论作为中心教学任务。中国共产党对社会学系高度重视，把众多从事理论研究、教育工作的杰出共产党员，如蔡和森、恽代英、李汉俊、杨贤江、安体诚等，纷纷派

1924 年 2 月 24 日，《民国日报》刊登《上海大学布告》，公布录取名单，罗石冰被社会学系录取

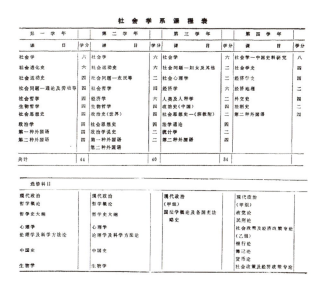

上海大学社会学系课程表

到社会学系任教，力图通过教学来改变学生的思想。社会学系成为当时上海大学最有特色的系。

1923 年至 1925 年部分在社会学系任教的共产党员及其讲授课目

姓　名	讲授课目	聘任日期
邓中夏	历史学	1923 年 5 月
施存统	社会思想史、社会问题、社会运动史	1923 年 6 月
瞿秋白	社会学、社会哲学	1923 年 7 月
蔡和森	社会进化史、私有财产及家族起源	1923 年 8 月
恽代英	现代政治	1923 年秋
杨贤江	教育学	1923 年
安体诚	科学社会主义、现代经济学	1924 年春
张太雷	政治学、政治学史	1924 年 8 月
蒋光慈	世界史、俄文	1924 年 8 月
彭述之	社会进化史、经济学	1924 年 8 月
任弼时	俄文	1924 年
郑超麟	社会学	1925 年
萧楚女	现代政治	1925 年
李汉俊	社会学	1925 年

2 月底，罗石冰来到上海大学报到。当罗石冰踏入上海大学的那一刻，他便被这里与众不同的氛围深深吸引。这里的一切都充满了新奇与未知，宛如为他徐徐打开了一扇通往全新世界的神秘大门。那些曾经接触过的理论和道理，如今在这方天地里清晰而生动起来。

1924 年春，上海大学全体教职员合影

李汉俊

杨贤江

安体诚

怀着对知识的极度渴望，罗石冰迫不及待地投身于学习。他以一种如饥似渴的姿态，全身心地沉浸在社会进化史、马克思主义哲学、政治经济学等课程的研读之中。每一本书、每一堂课都成为他探索真理的路径。而共产党人瞿秋白、蔡和森、恽代英、张太雷等的授课，更是为他带来了前所未有的震撼与启迪。他们的每一句话都充满着力量，每一个观点都闪耀着智慧的光芒。罗石冰怀着无比敬畏的心情，专注而认真地聆听，生怕错过任何一个关键的字眼。他将老师们所给予的珍贵教导，如同珍宝般一一铭记于心，让这些智慧的火花在心中燃烧，化作自己前行的强大动力和源源不断的智慧滋养。

瞿秋白在上海大学讲授的主要课程是社会哲学和社会学，他参考苏联郭列夫著的《无产阶级之哲学——唯物论》等书籍编撰讲稿，形成上海大学社会科学讲义。罗石冰一拿到讲义就如获至宝，认真研读起来，但枯燥的专有名词确实难以理解，于是，他上课时便格外认真，因为瞿秋白讲课时喜欢结合鲜活的案例，深入浅出地分析，把马克思列宁主义的理论和当前的革命形势紧紧地联系起来。这样，罗石冰很快就理解了其中的原理。

蔡和森以恩格斯的《家庭、私有制和国家的起源》做教材编讲义。罗石冰跟着蔡和森的思路，社会的历史分期及原因在他的头脑里逐渐清晰起来，他还根据蔡和森的推荐，购买《古代社

蔡和森

恽代英

1924 年 11 月 2 日，
《申报》刊登《社会
进化史》出版的消息

会》来拓展自己的知识。

恽代英讲授帝国主义侵略中国史，他从好望角的发现讲起，讲到资本主义如何对外实行扩张，怎样发展到帝国主义阶段。在他的讲解下，罗石冰理解了为什么帝国主义侵略中国，要和中国的买办阶级、封建军阀相勾结，认识到其实反帝和反封建是一个问题的两个不同侧面，不能孤立地来看待。

张太雷讲授国内外时事问题，他嘱咐学生以唯物史观的方法，观察、分析国内外形势。罗石冰与同学们互相传阅《大陆报》、《字林西报》、《向导》周报、《醒狮》周刊、《时事新报》等，了解国内时事。上课时，同学们纷纷提出自己的问题，张太雷会根据不同的问题总结出几个论点，供学生们讨论。罗石冰和同学们有不理解的地方就放心大胆提出来，请他解答，他总是用启发的方法与同学们展开讨论，引导他们得出正确的结论。

那时，上海大学的师生关系，既是同志又是朋友。老师们常常在课余时间来到学生宿舍，每当他们的身影出现，罗石冰总是兴奋地迎上去，周围的同学们也迅速围拢过来。罗石冰的眼中充满了期待和好奇，迫不及待地提出各种积攒在心头的问题。同学们也纷纷各抒己见，加入讨论之中。有时，讨论的气氛会变得异常激烈，甚至演变成激烈的争辩。大家都毫不退让，据理力争，思想的火花在小小的宿舍里激烈碰撞。罗石冰更是情绪激昂，手

张太雷

共产党人在上海大学任教时编著的部分教材、
讲义

舞足蹈地阐述着自己的观点，试图说服他人。多数时间，老师就在一旁静静地倾听，适时地给予引导和点拨，让大家的思路更加清晰，方向更加明确。

　　在上海大学，罗石冰的理论水平进步很快，据同在上海大学读书的周春崖回忆，罗石冰学习认真，针对不懂的地方，一定要请老师分析清楚透彻，同时他又有很强的分析能力。面对复杂的问题，罗石冰会仔细收集各种信息，不放过任何一个细节，然后将这些看似零散的元素在头脑中快速整合、梳理，精准地找到问题的关键所在。在讨论中，他的观点常常独树一帜，却又有理有据，他能够从不同的角度去剖析问题，考虑到各种可能性和潜在的影响。

光荣入党

在课堂上，在一次次学校组织的演讲、讲座等活动中，在与共产党员的接触中，罗石冰逐渐清晰地认识到共产党的理念和使命是救国为民，而他的志向也正是改变不公的社会。他开始学习党的理论，了解党的组织，积极参与各种进步活动。每一次与党的接触，罗石冰都更加坚定了加入的决心。

1924 年 5 月，上海的中共党员有 47 名，按地域或单位编为 5 个组，上海大学是第一小组，组长刘华，组员有邓中夏、瞿秋白、施存统、向警予等，是当时上海地区人数最多、力量最强的共产党小组。[1]

通过对罗石冰对待反帝反封建斗争的政治态度、学习态度、执行任务情况、遵守纪律等方面详细地考察后，上海大学党小组

---

[1] 中共上海市委组织部、中共上海市委党史资料征集委员会、中共上海市委党史研究室、上海市档案馆编：《中国共产党上海市组织史资料（1920.8 ～ 1987.10）》，上海人民出版社 1991 年版。

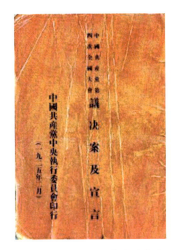

刘华　　　　　　　　　中共四大通过的议决案及宣言

同意他加入中国共产党。介绍人嘱咐罗石冰，以后面临的问题会很复杂，甚至有危险，要坚定信念，学习革命道理的同时增强体魄，做好各种准备。罗石冰庄严宣誓，立志成长为坚定的共产主义者，与同志们并肩作战，为实现伟大的理想而不懈奋斗。

　　1925年1月，中共四大在上海召开，大会通过了《对于组织问题之决议案》，决议案专门强调了组织问题对于党生存和发展的重要性，决定在全国范围内加强党的组织建设。随后，上海地委根据中共四大新修改的党章"有三人以上即可组织支部"的规定，在原来党小组的基础上将党的基层组织改为中共党支部。上海大学党小组根据要求改建为上海大学党支部。

罗石冰在党组织的培养下，政治上成熟得很快，他工作勤勤恳恳、任劳任怨，待人谦逊，又善于引导青年学生，最终被选为支委委员。当选为支委委员后，他深知自己的责任更重了。他积极带领大家学习革命理论，深入研究党的政策，探讨国内外时事。同时根据上级要求布置革命工作，组织讨论学校工作。罗石冰将发展党员视为一项至关重要的工作，因为壮大党组织的力量对于推动革命事业的发展具有决定性意义。他很注重与同学的交流，利用课余时间，经常到学生宿舍与他们谈心，了解他们的困惑，向他们宣传党的理念和主张，团结、吸引那些心怀正义、渴望改变社会现状、为人民谋福祉的有志之士。对于那些符合条件的积极分子，罗石冰耐心地引导和培养，帮助他们提高对党的认识，增强党性修养。同时，他反复强调遵守党的纪律、服从组织

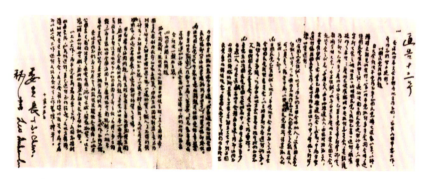

1923 年 12 月 15 日，中共中央发出要求全体党员积极帮助国民党改组的《通告十三号》

安排和严守秘密的重要性。在罗石冰的努力下，一批坚定的青年加入党组织，为党的事业注入了新鲜血液和强大动力。

为推动国民革命运动的实现与发展，国共开始合作。1924年夏秋之间，罗石冰根据党的指示，以个人名义加入国民党。他更加重视宣传工作，深信党的力量要通过宣传党的主义来壮大，他利用各种机会宣传马克思主义、共产党的革命理论和主张，使更多人了解并接受进步思想。同时，他团结和支持国民党内倾向革命、支持国共合作的左派人士，以推动国共合作的深入进行。

领导工运

上海大学注重理论联系实际，学校里的很多党团员学生，除了在校学习外，还到群众中去开展学生运动、工人运动。1924年4月1日，上海大学召开平民教育大会，邓中夏阐明中国社会平民教育的必要性，宣布在校内举办平民夜校。会议通过了《上海大学平民夜校组织大纲》，选举刘华等8人组成上海大学平民义务夜校执行委员会，立即开展工作。4月15日，平民夜校开学，附近工厂的工人和他们的子弟纷至沓来，队伍排成了一条长龙，热闹非凡。

罗石冰与同学们热情高涨，主动帮助分发课本和文具，轮流到平民夜校上课，为夜校的顺利开展贡献自己的力量。罗石冰教

上大《平民學校消息》

1924 年 4 月，上海大学创办平民学校。图为《申报》的报道，文中刘剑华即刘华

1924 年 4 月 21 日，《民国日报》刊登《"上大"平民学校消息》，报道参加平民学校的学生人数、分班及上课情况等

授识字、算术等课程。教工人认字时，他一笔一画，认真示范。他会先在黑板上工工整整地写下一个大字，然后用手指着，清晰地念出读音。接着，他会握住工人粗糙的手，手把手地教他们如何起笔、运笔和收笔。对于一些结构稍微复杂的字，他还会耐心地拆解笔画，告诉大家每个部分的写法和要点，鼓励大家在纸上多写几遍，自己则在旁边仔细观察，及时纠正错误的写法和姿势。讲算术时，他以工人每天工作的时长、工资计算为例，又以买东西时如何计算价格和找零来激发大家的学习兴趣，让大家明白算术在日常生活中的实际运用，让枯燥的数字变得鲜活起来。他的讲述方式深受工人的欢迎。

同时，上海大学的学生们走出校门，到沪西、杨树浦等地开展平民教育，组织工人运动。根据党组织的安排，罗石冰来到小沙渡沪西工友俱乐部。小沙渡地靠苏州河，处于租界和华界的接

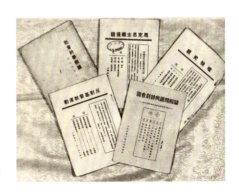

部分平民夜校课本

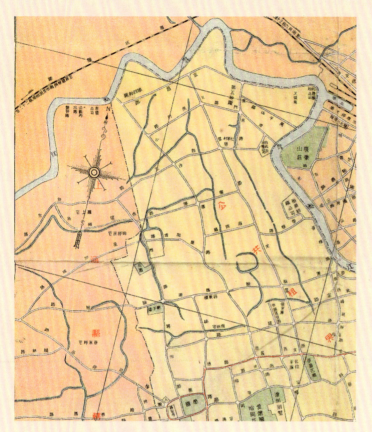

1925 年，上海小沙渡一带地图

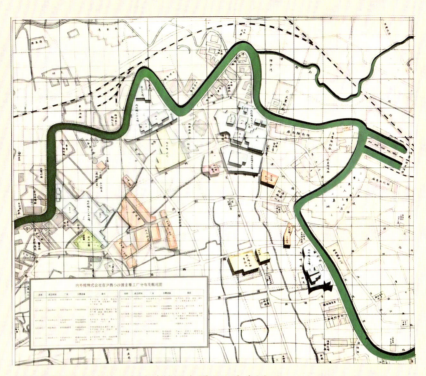

内外棉株式会社在沪西小沙渡地区主要工厂分布图

壤地带，交通便捷，中外资本家纷纷在此建厂，此地成为沪西主要的工业区。大量的就业机会吸引众多外地移民前来谋生，这里形成密集的棚户区。

日商早先在上海收购棉花，然后运回日本纺织成布，再销往世界各地。《马关条约》签订后，日本棉纺企业被允许在中国通商口岸设厂，他们由棉花收购改为投资办厂。其中，内外棉株式会社财力雄厚，不仅在日本本土大肆开设纱厂，还在中国的上海、青岛等地设立了十多家分厂，在小沙渡区域分布最为集中。到1922年，在小沙渡一带，内外棉株式会社开出了11家纱厂。

然而，这些工厂的资本家对待工人的方式可谓残酷至极。工人需要日夜轮班劳作，每班长达12小时，但收入却少得可怜，上夜班没有工资补贴，工资最低之人，一日所得仅200文，且每月还要从微薄的工资里被强行扣除所谓的"储蓄费"，哪怕工人出现死伤或患病，这笔费用也不退还。

此外，工厂招了一批男女幼童，名曰"养成工"。平日里，对这些幼童进行奴隶式的教育。一旦工厂里有"不安分"的工人，就用幼童、女工与他们调换，以此开除那些企图反抗的人。正因为如此，工厂里的童工和女工数量庞大。根据资料显示，上海某日商纱厂15岁以下童工占该厂工人总数的23%，女工占比竟高达69.8%。这种极度不公和黑暗的状况，深深刺痛着罗石冰。

内外棉四厂车间

内外棉七厂的车间旧址

日商纱厂的童工每天要在车间连续站立操作
12 小时

年龄		男		女		合计	
		人员	百分比	人员	百分比	人员	百分比
十五岁以下	10岁	...	...	1	...	1	...
	11岁	...	...	8	...	8	...
	12岁	6	...	37	...	43	...
	13岁	13	...	60	...	73	...
	14岁	22	...	128	...	150	...
	15岁	29	...	138	...	167	...
	小计	70	12.1	372	27.8	442	23.0
十六岁以上二十岁以下	16岁	23	...	135	...	158	...
	17岁	27	...	116	...	143	...
	18岁	16	...	108	...	124	...
	19岁	33	...	92	...	125	...
	20岁	32	...	111	...	143	...
	小计	131	22.6	562	41.9	693	36.1
二十一岁以上二十五岁以下	21岁	23	...	63	...	86	...
	22岁	25	...	51	...	76	...
	23岁	24	...	40	...	64	...
	24岁	50	...	40	...	90	...
	25岁	26	...	40	...	66	...
	小计	148	25.6	234	17.5	382	19.9
二十六岁以上	26—30岁	116	...	116	...	232	...
	31—40岁	91	...	47	...	138	...
	41—50岁	14	...	8	...	22	...
	51—55岁	7	...		...	7	...
	小计	228	39.4	171	12.8	399	20.8
不明		2	0.3	1	...	3	0.2
合计		579	100	1340	100	1919	100
平均年龄		24.5	...	19.6	...	21.1	...

1947年,《上海市行号路图录》中所示沪西工友俱乐部位置

罗石冰画传

1924 年 9 月，邓中夏等落实党中央交办的组织工人的任务，结合创建长辛店、安源工人俱乐部的经验，在沪西工人补习学校的基础上建立沪西工友俱乐部，地点设在小沙渡路和槟榔路转角处的 3 间平房里。

俱乐部开设识字班和文化补习班。罗石冰主要教工人读书认字，工友们整齐地坐在略显简陋的木凳上，罗石冰声音清晰而洪亮："人，一撇一捺，就是'人'字。'工人'两字连起来就是'天'字。"工友们跟着大声念着。

罗石冰还经常到工人家中，关心他们的生活、孩子、住房等问题。看到这里的工人大都住在破旧的茅草房里，周边杂草丛生，坟堆垒垒，孩子不能接受教育，也要到工厂做工贴补家用，还经常遭到工厂"那摩温"的毒打。罗石冰心想，一定要改变这样的状况。他紧握着工友的手，询问他们在工厂做工的情况，向工人讲述革命的道理。刚开始他给工友讲帝国主义、资本主义，发现工人听不懂这些词语，也不感兴趣。于是，罗石冰就让工人自己先讲述东洋人如何监视、欺负甚至侮辱他们，这时再告诉他们每天纺的纱、织的布，资本家拿去多少，是我们工人在养活他们，是他们在剥削我们的血汗，这样再去讲剩余价值，理论联系具体的事情，工人就能听懂了。有一次，罗石冰到一位工友家中，发现工友的孩子正在生病，家中却没钱送医。罗

新中国成立初期的沪西工友俱乐部旧址

《沪西工友俱乐部草章》

石冰毫不犹豫拿出自己买书的钱，帮助这位工友渡过了难关。工人见他平易近人、心地善良，也愿意同他讲心里话。罗石冰告诉工人要团结一致，成立我们自己的工会组织，同资本家进行斗争，他还留意从工人中培养积极分子，为今后开展工人运动打基础。

有一天，50名男工被开除，还有工人代表被巡捕抓走的消息传到了沪西工友俱乐部，罗石冰听后愤慨万分。原来，2月2日的清晨，内外棉八厂的粗纱车间内，一名连续劳作了11个小时的女童工，因极度疲惫，在恍惚中睡着了。这一幕刚好被日本领班瞧见，他毫不留情地对这名女童工拳脚相加，女童工腿部受伤，痛苦倒地。女童工的姐姐也在这个车间劳作，见到此景，气愤地上前理论，却也惨遭领班的毒打。这一暴行瞬间点燃了车

棉纺织厂织布间女工在工头监视下做工，中间站立者为工头

间内成年男工们的怒火，他们一同挺身而出，与日本领班据理力争。

自从沪西工友俱乐部成立以来，工人逐渐摆脱了地方帮派观念，彼此注重团结，联系日益紧密，反对资本家压迫的斗争也越来越多。日本厂主得知早上的状况后，觉得用养成工取代他们的机会终于来了，于是张贴布告，将粗纱车间的50名男工开除。

男工被开除的消息传出后，工人纷纷聚集，共同商讨应对之策。粗纱车间日班的男工当即表示愿意和夜班的男工共进退。2月4日，被开除的男工代表向厂方提出结算工资及发放存工的合理诉求，却被与日本厂主勾结的普陀路巡捕房蛮横抓走，这让工人愤怒到了极点。

沪西工友俱乐部得知这一消息后，迅速向上海地委和中共中央汇报。中共中央经过研究，决定发动一场涵盖全市日商工人的大罢工。罗石冰与邓中夏、杨之华、刘华等人聚在一起商议对策，并成立了罢工委员会。

2月9日下午4时，内外棉第五、七、八、十二厂的工人纷纷来到沪西工友俱乐部潭子湾附近的空地上，在党的领导下，召开大会。罗石冰和罢工委员会的其他成员站在高台上，庄严宣布实行罢工，宣布成立内外棉厂工会。大会提出要承认工会具有代

沪西工友俱乐部在潭子湾的办公地——大丰里

内外棉厂罢工潮

小沙渡日本内外棉纱厂之第五厂、第七厂、第八厂、第十二厂，昨日下午四时忽发生之罢工风潮，罢工人方面申述原因，计有九千余罢工人。每日工作时间十二小时以上，工资很少，管理之日人又勋辄打罚银，工人四十名全部开除，四日工人去罢工。本月二日又无故将第八厂纱间领工银，又指不发给且将工人代表拘押云云。其要求条件，则一以后不准打人。二按照每人原有工银加给十分之一，并无故不得处扣。三恢复第八厂开除之工友，并立即释放被拘押之工友。四以后两星期以内之工银，发给一次，不得逾期。五罢工期以内之工银，仍须照常发给。六以后不得无故开除工人，昨日下午四时，各厂工人已蜂拥而出，过苏州河，至对面之大丰操场附近空地开会演说，不知此项罢工潮将如何结果也。

内外棉厂的工友们。

我们在东洋八厂里做工，真是受尽苦呀。每日要做工十二点钟以上的生活，赚的工银。一点不好。一点小错，就要罚银。东洋资本家，真把我们中国工人，看作牛马奴隶一般。要打就打，要罚就罚。不管我们工人的死活。不讲道理不公理。东洋人不特不发工银，还把他们的罚款都来剥削我们工人。本月二日又无故将第八厂纱间领工银，又把他们工人不当人看。东洋人真是逼得我们没有路走了。只有大家齐心。一致罢工。反抗东洋人的虐待。

要求条件

一以后不准打人。

二按照每人原有工银加给十分之一，并无故不得处扣。

三恢复第八厂被开除之工友，并立即释放被拘押之工友。

四以后两星期以内的工银发给一次，不得逾期。

五罢工期间以内的工银，仍须照常发给。

六以后不得无故开除工人。

工友们。大家齐心呀。一定要顾念我们的伴，我们便有生路。大家齐心呀。一致罢工，坚持到底。反抗东洋人的虐待。达到最后的胜利。

内外棉厂全体工人宣言

表工人的权利，期望大家齐心协力、团结一致，只有如此才能取得胜利。全场近万名工人振臂高呼："不准随意打骂工人！不准无故开除工人！不准侮辱工人！"表示拥护。到12日，内外棉11个厂的1.7万余名工人都参加了罢工。

罗石冰与罢工委员会、工人代表一同开会，分析罢工形势，研究斗争策略。会上，他一边认真倾听着各方的发言，一边在本子上做着详细的记录。他说："目前，资本家们仍在试图采取各种手段打压我们，但我们工人的团结一心是他们无法轻易突破的防线。我们既要保持坚定的立场，不轻易妥协，又要灵活运用策略，抓住敌人的弱点。"与此同时，罗石冰还不忘在工人队伍中积极发展党员。他留意观察工人代表的表现，私下里与他们深入

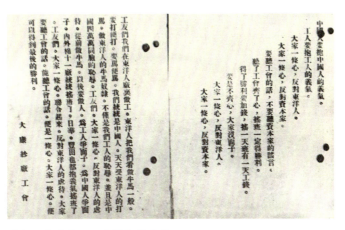

沪东区大康纱厂工会散发的传单

交流，向他们传播党的使命，鼓励他们加入党组织，为工人阶级的解放事业贡献更多的力量。

罗石冰不辞辛劳，全身心地投入领导工人罢工的工作中。他不仅帮忙撰写传单、标语和口号，还耐心地教工人自己动手写。在狭小而简陋的房间里，罗石冰俯下身子，一笔一画地在纸上示范着。他还组织学生成立宣传队，将他们分成不同的小组，奔赴城市的各个角落分头演讲。同学们站在街头巷尾，竖起"反对东洋人打人"的大旗，揭露日本资本家残酷压迫工人的种种罪行。

工人罢了工，便没有了收入。为了给他们提供更多的支持，罗石冰又组织起募捐队。他奔波于社会各界，向人们讲述工人的悲惨遭遇，呼吁爱国同胞伸出援助之手。罗石冰记录好每一笔捐赠，将所得的捐款及物资及时交到工人手中。

之后，罢工的浪潮席卷日华、丰田、同兴等厂，又从沪西蔓延至沪东的大康、裕丰等厂。截至18日，日商6个纺织会社的22个厂、约3.5万名工人参加罢工。

在组织罢工的整个过程中，罗石冰始终保持着旺盛的精力和坚定的信念。他的身影穿梭在人群中，忘记了吃饭和休息，可他毫无怨言，全力以赴支持工人坚持罢工，为工人争取应有的权益而不懈努力。

参加二月罢工工厂统计表

会社	厂名	厂址	罢工日期	罢工人数	备注
内外棉纺织会社	内外棉五（东）厂	沪西	2月9日	共1.71万人	
	内外棉五（西）厂	沪西	2月9日		
	内外棉七厂	沪西	2月9日		
	内外棉八厂	沪西	2月9日		
	内外棉十二厂	沪西	2月9日		
	内外棉九（东）厂	沪西	2月10日		
	内外棉十三厂	沪西	2月10日		
	内外棉十四厂	沪西	2月10日		
	内外棉三厂	沪西	2月10日		
	内外棉四厂	沪西	2月10日		
	内外棉十五厂	沪西	2月12日		
日华纺织会社	日华第三厂	沪西	2月14日	共3500余人	
	日华第四厂	沪西	2月14日		
大日本纺织会社	大康第一厂	沪东	2月14日	共4000余人	
	大康第二厂	沪东	2月14日		
丰田纺织会社	丰田第一厂	沪西	2月15日	共3400余人	
	丰田第二厂	沪西	2月15日		
同兴纺织会社	同兴第一厂	沪西	2月16日	共2000余人	
东洋纺织会社	裕丰第一厂	沪西	2月18日	共2600余人	据其他资料称该厂有4000余人
	裕丰第二厂	沪东	2月18日		
	东亚麻袋厂	沪西	2月14日	共1500余人	
总计	22厂			约3.5万人	

條約已經簽字

工友一齊上工

星期下午在引翔港工會後面開大會

大家齊來聽章程

1925 年 2 月 25 日，日本资本家被迫与工人代表谈判，并在次日达成协议，这是当时工会散发的传单

1925 年 3 月 1 日，内外棉纱厂工会在潭子湾沪西工友俱乐部附近的空地召开复工大会，工人群众与各界代表 1000 余人到会

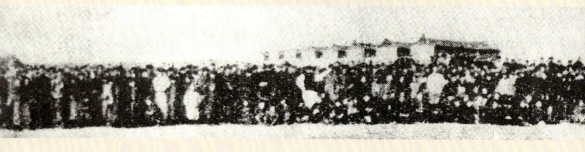

罗石冰画传

罢工工人在党的领导下，团结一致，坚持斗争，有力地打击了帝国主义的嚣张气焰，经多方斡旋，日本资本家不得不答应工人提出的部分条件：今后如有虐待，准告厂主办理；工人回厂照旧工作；储蓄金满五年发还；工资准两星期发一次。工人欢庆罢工取得了胜利。

　　罗石冰在这次罢工当中，学到了书本上、讲义中学不到的宝贵知识，增加了斗争的经验：以后的工人运动，要加强对工人的宣传教育，提高工人的阶级觉悟；罢工活动要有严密的组织，这次总指挥处下设秘书处、联络处、护卫团，分指挥处下设组织员、宣传员、交通员，厂内又有纠察队、义勇队巡视，通过层层组织，将数万名工人团结为一个整体共同斗争；还要采用民族联合统一战线的策略，争取社会各界的支持，将矛头直指帝国主义。

　　在这场波澜壮阔的斗争中，工人展现出了无畏的勇气和坚定的团结，他们为了自身的权益，为了公正与尊严，勇敢地与黑暗的势力抗争。而罗石冰等共产党人的智慧与担当，为这场罢工注入了强大的力量，更为日后的五卅运动奠定了基础，让希望的曙光在工人的心中闪耀。

勇斗暴徒

　　随着全国工人运动的蓬勃发展，由党领导的全国铁路总工会、汉冶萍总工会、中华海员工业联合总会、广州工人代表会四

中华全国总工会旧址（现广州市越秀区越秀南路 89 号）

全國總工會成立

十八日廣州電 全國總工會在粵成立·選林偉民蘇兆徵等念五人爲執行委員·

1925 年 5 月 20 日，《民国日报》
刊登《全国总工会成立》

大工会组织发起召集，1925年5月1日，全国第二次劳动大会在广州召开，中华全国总工会正式成立。大会通过的决议强调了工人阶级在反帝、反封建军阀的民族革命运动中的领导地位。大会听了上海代表团的报告之后认为上海工团联合会并非真正工人群众的组织，故决议应由出席此次大会的上海各工会，联络其余各真正工会共同组织全上海工会的总联合机关，以便能真正为无产阶级谋利益，而抵抗帝国主义、资本家以及工贼的联合进攻。上海总工会的成立事宜提上日程。

5月18日，上海各工会派出百余名代表，齐集会文路营业里18号，召开上海总工会成立大会。会上通过了"上海总工会之暂行章程"，宣布上海总工会以提高工人知识、改良工人生活、调解劳资争议为宗旨。5月30日，上海发生了震惊全国的五卅惨案。一时间，响应罢工的工人逐步增多，学生罢课、商人罢市积极支援。作为工人运动中枢的上海总工会会务剧增，为适应需要，6月1日，会所迁至宝山路宝山里2号，公开挂牌办公。

因罗石冰既有理论知识又有实际斗争经验，他被调到上海总工会。上海总工会有总务科、宣传科、交际科、会计科、组织科等5个科室，罗石冰被任命为会计科副主任，与总务科、交际科等科室一起在宝山路宝山里2号的总办事处办公，负责接收捐款、发放救济费和办公费等一切收支工作。他一丝不苟，每一笔

南京路五卅惨案现场

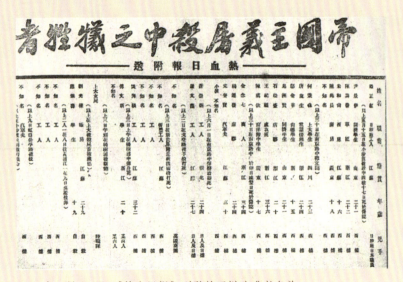

1925年6月11日,《热血日报》刊登的五卅殉难者名单

1925年6月1日，上海总工会发表告工友书，号召从6月2日起举行总罢工

上海總工會告全體工友

工友們：我們中國，受外國帝國主義的侵接壓迫，真是到了極點！上地被他偷去了，銀錢被他搶去了。我們上海本是我們中國的上海，但是住在上海的人，都要受外國巡捕房的管轄，那麼我們上海的人，便都成了亡國奴了！尤其是我們工人，更是苦不堪言！

我們的身體，遭他們割割去了！
我們的汗血，被他們割制去了！
紅頭阿三，更是他們殘殺我們的打馬侮辱！
我們工友被他們逼迫死的，殴打死的，那一天沒有？那一處沒有？
我們的身體，好像是牛馬一樣！
我們的生命，好像是虫蟻一樣！
潭州日的虐殺殘暴，比封豕虎豹，温狠達百信！
小沙渡慘斃工友，被打棍打死了是人打傷了幾十人！
學生演講，又被遮捕打死了十幾人，市民罷市，他們更大施居殺，打死了五十餘人，流血滿街，死屍到地！這種殺人的强暴，應該趕快起來反抗他，打倒他！
被殺者數百人！

從六月二日起上海全埠，各業工友，全體一致罷工！
報仇雪恥，反抗殘暴殺人的外國强盗！
工友們！一起來呀！罷工呀！

1925年8月11日，《时事新报》刊登《总工会呈请备案》，报道上海总工会成立经过、机构设置等

1925年6月21日，《申报》刊登《总工会规定办事程序》，公布上海总工会的组织机构、职责及办公地点

账目都记录得工整而清晰：码头工人救济费大洋 586 元、中华电气制造所工会工人大洋 5 元、总工会第二办事处费用大洋 65 元、收第二初小学校诸先生大洋 25 元 7 角 7 分……

上海总工会机构及职员姓名录①

委员长		李立三
总务科	主任	刘少奇
	副主任	谢文近　刘贯之
	文牍股	于达　李清漪　林育南　张守义　陈士平
	庶务股	王有为　李士琢　汤道达　张筱芳
	调查股	△王金德　△黄杏林　△杨桂林
	收发股	陈希征
	交通股	△袁锦堂　△孙金波　△闵仲华　△黄金林　△周志义 △李宝林　△朱佩生　△王月心
	传达股	△袁旺均　△王兆明　△张玉成
	纠察股	赵德成
	杂务股	张炳彩　△任开运　△汤贵祺　△王阿四　△袁金柏 △王振基　△陈福康　蒋永海　△蔡阿发
组织科	主任	吴敏
	副主任	何寅　　鲍鞠皆
	职员	宋远志　王奏勋　陶在福
交际科	主任	陈杏林
	副主任	杨剑虹　赵子敬

---

① 此表系当时上海总工会总务科文牍股编制的职员姓名录，当时因机构、人事先后有变动，故原稿上有所改动，名单中有△符号者为原稿上有，后又划去。

委员长		李立三					
交际科	交际员	邵子民　汪沛炎　徐在舟　林世昌　李炳炎　张洪奎　曹士洲　宣中华　陈绍馥　俞仙亭					
宣传科	主任	何今亮（汪寿华）					
	副主任	董汉儒　刘君襄					
	宣传员	梁润庵　叶放吾　叶学纯　朱谦志　刘瑞洲　卢浩然　陈□□　瞿云　刘移山					
会计科	主任	傅冠雄					
	副主任	叶向阳　罗石冰					
	书记	朱承业					
救济委员会	谢文近　杨裕发　诸士良　贺福庆　徐守约　张友林　杜秋涛　王仁芳　徐可杰　朱耀东　赵及三　黄培元						
码头工人委员会	孙杰三　胡一波　陈竹山　邢祥发　王顺泰　吴善吉　王　臣　崔良朋　徐天福　林叶生　傅君亮　徐联甫　孙吉和　许志行　李益三						

相比上海总工会，较早成立的上海工团联合会是由国民党右派、工贼和流氓所把持的招牌工会。五卅大罢工时，上海大部分工厂都成立自己的工会组织，隶属于上海总工会旗帜之下，上海总工会一跃成为"工界的权威"。上海工团联合会于心不甘，他们的代表曾扬言："工团联合会是代表三十余万工人的组织，有三年的历史，难道还不如三天历史的上海总工会么？"随即使出破坏的招数，他们在外文报纸上造谣，污蔑上海总工会私自拘人、审判罚款。

上海总工会职员姓名录

上海总工会会计科
1925 年 6 月 16 日
支付报告和 6 月 19
日收入捐款报告

宝山里上海总工会旧址

罗石冰画传

7月中旬，一伙流氓、地痞纠集200余人，冒充码头工人，浩浩荡荡来到上海总工会，要求发放罢工救济费。他们无理的要求未得逞后，便开始在总工会内横冲直撞，大声喧哗，肆无忌惮地强取食物。他们还通电全国，恶意污蔑上海总工会包办发放救济款，企图抹黑上海总工会的形象。8月上旬，这伙居心叵测之人又故技重施，四处散发传单，诬指上海总工会以救济工人的名义在各处收取救济费，却中饱私囊。上海总工会迅速作出回应，在影响力广泛的报纸上详细公布了经由权威会计师事务所严格核查的收支账目，让事实真相大白于天下。

　　上海工团联合会的诬陷阴谋未能得逞，便露出了更加狰狞的面目，他们妄图以暴力手段来达到目的。8月22日下午5点，100多名流氓、工贼，手持长刀、铁棒，如同一群疯狂的恶狼，冲进了上海总工会。他们口出狂言要"踏平上总"，其嚣张气焰令人发指。进入办公室后，他们看见东西就肆意毁坏，桌椅被砸得七零八落，文件资料散落一地。见人就毫不留情地殴打，完全丧失了人性。

　　就在这危急时刻，罗石冰挺身而出，他毫无畏惧，尽管赤手空拳，却与这群暴徒展开了激烈的搏斗。罗石冰的头顶左侧被刀砍出约3厘米长的口子，鲜血汩汩流出，染红了他的面庞。腰部左侧又被暴徒砍出约2厘米的伤口，背部还被铁棍捅伤5处，左

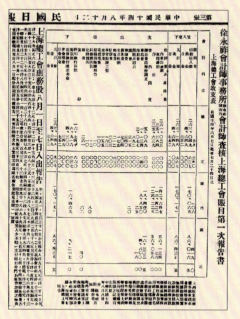

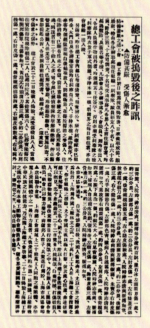

1925 年 8 月 12 日，《民国日报》刊登会计师事务所查核上海总工会账目第一次报告书

1925 年 8 月 26 日，《民国日报》刊登《总工会被捣毁后之昨讯》

腿小腿处皮伤数处，倒在血泊之中。幸运的是，工友及时赶到，迅速将受伤职员送往宝隆医院。经过医护人员的全力救治，罗石冰才得以脱险。

这一恶性事件迅速传遍了整个上海，工人和各界有识之士听闻此消息，无不义愤填膺。他们安排代表到宝隆医院探望和慰问受伤的勇士们。一位工人代表说："自五卅惨案以后，我国人奋起奔走，尤以工界之精神最为壮烈，二十万罢工工人在上海总工会指挥之下，作有组织之活动，给予帝国主义以极大打击。上海总工会为沪上爱国团体中之一最有力量者，凡我爱国同胞都应一致拥护，以维持我中华民族之反抗能力。"躺在病床上，面色苍白的罗石冰，忍着伤痛缓缓说道："感谢大家的支持与关爱，我们所做的一切，都是为了工人阶级的权益。哪怕面对再凶残的敌人，再残酷的迫害，我们也绝不退缩！只要大家团结一心，定能让正义得到伸张，让敌人的阴谋无法得逞！"

上海总工会、上海工商学联合会、全国学生总会等机构发布通电，强烈抗议流氓的残暴行径，一致呼吁必须将凶手绳之以法，还伤者一个公道，给社会一个交代。

罗石冰伤势严重，在住院治疗的那段日子里，即使身体承受着巨大的疼痛，他依然凭借顽强的毅力坚持学习，不曾有丝毫懈怠。他在日记中写下了令人动容的诗句："非求荣华非书痴，为

20世纪20年代的宝隆医院大门及病房

●總工會報告職員傷單

總工會日前救流氓搗毀後，業已向地方檢察廳起訴，所有受傷各人，已由寶隆醫院出具傷單，證明當時受傷情形，其中除黃培之、羅石冰、朱寶亭、仍在寶隆醫院醫治外，其餘各人，昨日已遷至紅十字會醫院診治，茲將總工會報告受傷職員情形單開錄下，本會於本月二十二日晚五時許，突被流氓多人，將本會器物，完全打毀，並傷職員八人，當晚即送往寶隆醫院，除輕傷二人，已經出院外，其餘重傷六人，已經寶隆醫院醫生驗明開清傷單、傷單已紀二十六日本報從略）

1925年8月28日，《申报》刊登《总工会报告职员伤单》，报道称罗石冰等人仍在宝隆医院医治

1925年8月27日，全国学生总会通电全国各报馆并转各团体，抨击上海工团联合会的卑劣行径，图为《时事新报》的报道

罗石冰画传

罗石冰故居展出的《言志诗》

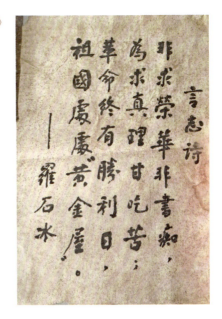

言志诗

非求荣华非书痴，
为求真理甘吃苦；
革命终有胜利日，
祖国处处黄金屋。

——罗石冰

求真理甘吃苦，革命终有胜利日，祖国处处黄金屋。"字里行间，彰显出他为追求真理、为人民解放事业勇于献身的崇高品质，以及对革命胜利那坚定不移的信念。他的目光早已穿越了眼前的伤痛，投向了未来的光明与希望。

罗石冰在医院里住了将近3个月，尽管伤势尚未痊愈，可他心中的使命感和责任感催促着他尽快回到战斗的队伍中。于是，他毅然返回上海大学，投身到新的战斗之中。

罗石冰在上海大学求学期间，始终与在江西省立第七师范学校、阳明中学、吉安县立高等小学、塘东义仓第九小学等校任教的老同学保持着紧密的联系。他常常给这些老同学寄去《中国青年》《向导》《唯物史观》等充满革命思想的书刊。他还凭借自己对马克思主义的深刻理解和坚定信仰，耐心地向他们阐释革命的真谛与道理。在书信的往来与思想的交流中，罗石冰如同传播火种的使者，努力将革命的理念和马克思主义的光辉播撒在家乡同学的心中，他期望他们能共同为追求真理和社会的变革贡献力量。

罗石冰给家乡同学寄的部分进步书籍

建立党团组织 掀起革命风暴

LUO SHIBING

发动乡亲

1925 年的寒冬，江西大地被一片阴霾所笼罩。北洋军阀江西督办以及继任赣军总司令对革命进行疯狂的镇压。12 月 17 日，这是一个黑暗的日子。江西中共地方组织的领导人赵醒侬等 3 人不幸遭到逮捕，方志敏也被通缉。在这股反动势力的肆虐下，党团组织的负责同志陷入了极度危险的境地，为了保存革命的火种，他们被迫离开南昌，革命力量遭受了重大的挫折。就在这艰难的时刻，党中央接到了共青团吉安特支的报告，称当地已经有 30 名以上的团员，按照规定请派遣人员考察实际情况，为成立团吉安地委做准备。

早在 1924 年 2 月，团南昌地委秘书曾弘毅接受组织的委托，借寒假返乡之际，在江西省立第七师范学校吸收了觉悟较高的七八位学生成为青年团员，成立了团吉安临时支部。5 月，在团吉安临时支部的基础上，正式成立团吉安特支，隶属于团南昌地委。

团吉安特支成立后，积极开展工人运动和学生运动。他们在米业、染业、烟业、染纸业纷纷成立工会，进而成立吉安总工会，领导工人同资本家开展斗争。在学生当中，组织成立江西青年学会吉安分会、吉安青螺学会，创办刊物《吉光》和《吉州学

吉安总工会旧址

生》，在吉安城秘密成立书刊推销处。团吉安特支还利用江西省立第七师范学校举办教学成绩展览会的机会，开辟专门教室，展览马克思列宁主义书籍。他们组织团员创办平民夜校，以学习文化的名义向工人和失学青年传播革命思想。

吉安团组织在领导革命斗争的实践中培养了一批青年团员，他们的加入使得团组织有了较大的发展。截至1925年12月29日，团吉安特支共有团员47人，9个团小组。根据青年团章程的规定，可以成立团地委。中共中央接到团吉安特支的报告后，经过研究，决定派罗石冰回江西，加强对吉安党团组织的领导。

1926年1月9日，寒风凛冽，罗石冰背着简单的行囊从繁华喧嚣的上海启程。经过数日的奔波，13日，罗石冰终于抵达九江。14日，他又匆匆赶到南昌，然而，由于寒冬水位下降，水浅导致轮船无法正常开行。在漫长的等待中，日子一天天过去。终于22日，迎来了轮船开行的时刻，罗石冰顺利回到家乡吉安。

罗石冰到达吉安时正值寒假，团员们大都放假回家，只留两三人主持工作，成立团吉安地委的事情只能等到开学后。于是他向团员们发出通知，要求他们借寒假之际，努力在家乡开展农民运动，并要求他们于农历正月中旬返回学校。

当时，吉安地区虽有共产党员，但均隶属于南昌支部，当地未建立党组织。罗石冰结合党团员的实际情况，认为部分团员，尤其是工人身份的团员大都到了归入"大学"（即中国共产党）的年龄，应转为党员，建立党小组的条件已经成熟。根据中央"党团分化的原则"，罗石冰于1926年1月26日在江西省立第七师范建立了吉安第一个党组织——吉安党小组。

江西省立第七师范学校创建于1918年，在这所学校读书的学生大多数是来自各县的贫苦子弟，他们的家庭受着压迫，过着

吉安第一个党组织——吉安党小组
在江西省立第七师范学校成立

艰辛的生活，其中有许多罗石冰的学生，他们的眼神中常常透露出对命运不公的愤懑和对未来的迷茫，他们渴望能够摆脱悲惨境地，寻找到一条通向光明的道路。当时省立第七师范学校的训育主任刘一峰是国民党左派，思想开明，倡导进步。校长也受到进步思想的影响，同时由于担心重蹈前任校长因压制学生而被愤怒的学生赶走的覆辙，因而对于进步学生的活动，往往采取一种宽容的态度，不仅不加干涉，有时还给予支持。1924 年上半年，《共产主义》《青年评论》等许多宣传马克思列宁主义的进步书刊就在省立第七师范学校的师生中传阅。这些书刊仿佛是一盏盏明灯，照亮了学生们前行的道路。课余时间，在教室里、树荫下，随处可见学生们阅读进步书刊的身影。1925 年 5 月，五卅运动爆发，吉安团组织积极响应，在省立第七师范学校门口举行了一场规模盛大的声援大会，有 2000 余名群众参加。这些有利的因素，共同促成罗石冰选择在省立第七师范学校建立吉安第一个党小组。

农历新年，罗石冰回到阔别已久的家乡延福。根据帮助国民党建党的统一战线政策，罗石冰不辞辛劳地奔走于延福的各个村落。他深入到当地的小学教师和中学生中，与他们促膝长谈，在他的努力下，成功发展了一批国民党员。不仅如此，他还精心策划，先后建立了 6 个国民党区分部。在罗石冰的悉心指导下，这6 个区分部都积极开办了平民夜校。每到夜晚，简陋的教室里便亮起昏黄的灯光，罗石冰用略显沙哑但饱含激情的声音，教农民认字、算术，还通过生动的故事和浅显易懂的讲述，宣传革命的道理。与此同时，罗石冰在这些新发展的国民党员中，与那些意志坚定、心怀家国的积极分子进行深入交流，向他们进一步宣传马克思主义和中国共产党，成功吸收 5 名先进分子加入了中国共产党。在此基础上，他在塘东义仓第九小学建立了吉安地区第一个农村党支部——中共延福支部。

吉安党组织成立后，罗石冰在团员、农民和工人中进一步吸收20 多人入党。3 月底，根据斗争形势发展的需要，罗石冰将吉安党

被国民党烧毁的延福县立九小旧址

小组扩大为中共吉安特支。到 4 月，吉安党员人数达到 42 人，占当时全省党员总数一半以上。经罗石冰本人介绍入党的就有 23 人。

罗石冰担任介绍人的党员情况表 ①

姓名	籍贯	入党时间	备注
陈杰传	吉安	1926 年 2—3 月	工人，超龄团员
周鉴清	吉安	1926 年 2—3 月	工人，超龄团员
谢荣发	吉安	1926 年 2—3 月	工人，超龄团员
陈镇卿	吉安	1926 年 2—3 月	工人，超龄团员
刘平员	吉安	1926 年 2—3 月	工人，超龄团员
刘义生	吉安	1926 年 2—3 月	工人，超龄团员
曹维藩	吉安	1926 年 2—3 月	工人，超龄团员
刘顺光	吉安	1926 年 2—3 月	工人，超龄团员
易恒美	吉安	1926 年 2—3 月	工人，超龄团员
梁铎	吉安		又名梁仁铎，教员
钟兆祥	永丰		
陈绍琪	吉安	1926 年 2—3 月	工人，超龄团员
周达道	吉安	1926 年 2—3 月	工人，超龄团员
刘清心	吉水	1926 年 2—3 月	农民
胡庆云	吉水	1926 年 2—3 月	农民
肖道德	吉水	1926 年 2—3 月	工人
郭心远	万安	1926 年 2—3 月	工人

① 中共吉安县委组织部、中共吉安县委党史资料征集办公室、吉安县档案馆：《中国共产党江西省吉安县组织史资料（1926.1—1987.10）》，中共党史资料出版社 1990 年版，第 15—16 页。

姓名	籍贯	入党时间	备注
梁一清	吉安	1926 年 2—3 月	别名盛鸣
胡庭铨	吉安万福	1926 年 2 月	延福支部书记，又名胡虎山
郭士俊	吉安万福	1926 年 2 月	延福支部成员
刘秀启	吉安万福	1926 年 2 月	延福支部成员
郭家庆	吉安万福	1926 年 2 月	延福支部成员
罗万	吉安万福	1926 年 2 月	延福支部成员

这段日子，罗石冰忙得不可开交。他一面不辞辛劳地在吉安各地奔走。每到一处，他都与进步青年深入交流，激发他们的革命热情，积极发展党员。同时，罗石冰还要筹备团员大会。从会议的场地选址、议程安排，到人员的组织协调，每一个环节他都亲自过问，精心策划。他与同志们反复商讨，不断完善方案。1926 年 3 月 24 日，吉安全体团员大会如期举行，共青团吉安地方委员会正式成立。为了切实提升团员的思想认识，团吉安地委精心筹备并举办了为期一周的训练班。虽然训练班的场地简单朴素，但前来参加的学员们众多，形成了浓厚的学习氛围。在这个训练班上，罗石冰为大家讲授革命理论和策略方面的关键问题，将复杂的革命理论抽丝剥茧，用通俗易懂的语言传递给每一位团员。讲到关键地方，他会停下来，目光扫过每一位团员，确保大家都能跟上他的思路。对于团员提出的问题，他也耐心解答，循

循善诱，引导大家深入思考。

经过罗石冰的不懈努力，截至 4 月 7 日，团吉安地委已经拥有了 7 个支部，团员人数达到了 46 名。

声讨军阀

1926 年 3 月 18 日，为反对日、英、美、法、意、荷、比、西向段祺瑞政府发出的八国通牒，在中共北方区委和国民党左派的领导下，5000 余名学生和群众来到天安门召开国民大会，反对军阀政府妥协。会后，群众举行游行请愿，段祺瑞执政府卫队竟朝无辜群众开枪，造成 47 人死亡，多人受伤。

北京三一八惨案的消息传到吉安后，犹如一声惊雷在这座小城炸响。罗石冰立刻投身到吉安市民声讨北洋军阀罪行大会的筹备工作中，他亲自组织部署，撰写演讲稿、传单，他的笔尖充满愤怒，直刺北洋军阀的罪行。4 月 1 日，大会的日子来临。会场上人头攒动，群情激愤。罗石冰站在台上，发表演讲："国际帝国主义者已经张牙舞爪从外面杀来，而他们的工具——张作霖、吴佩孚、段祺瑞……又摇旗呐喊从国内响应，他们已一致的联合进攻起来了，世界黑暗的恐怖似乎快要到了！""'五·卅'运动之直接与帝国主义者相搏，北京流血又间接和其工具交战，世界压迫阶级与被压迫阶级已进入了短兵相接的期间了！吉州的民众

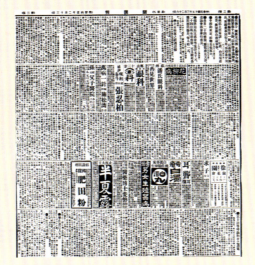

1926年3月26日，《新闻报》刊登《北京惨案之经过详情》，详细报道天安门前国民大会、惨案发生情形等

1926年3月26日，《世界画报》第32号——《三月十八日惨案特刊》

1926年4月12日，《图画周刊》刊登《"三一八"事件之死难者》

啊！起来！团结起来！援助北京学生！共同与帝国主义者及其走狗作最后的决战！"他引领民众喊出整齐的口号："讨伐残杀爱国学生的段政府！""反对威吓中国的使团通牒！""取消辛丑条约及一切不平等条约！""打倒英日及一切帝国主义者！"市民们被这激昂的气氛所感染，个个义愤填膺，眼中闪烁着愤怒的火光。他们紧紧握着拳头，跟着罗石冰的节奏，不断高呼着口号，声音响彻云霄。大会还决定组织"京案后援会"，定期举行追悼"京援"烈士会，并致电国民政府、国民军、北京各界、全国各界和南昌督办，发表《吉安市民大会为日本走狗段祺瑞残杀北京学生事告民众书》，强烈抗议北洋军阀暴行，誓做北京爱国学生反对北洋军阀的坚强后盾。

助力北伐

1926 年 4 月，中共江西地委成立，直属中共中央领导，任命罗石冰为书记兼宣传部部长。4 月 8 日，罗石冰赴南昌工作。2 个月前，中共中央就指出当前党的首要任务是准备北伐战争，要求北伐经过的省份要加强党组织建设和群众工作，给北伐军以有力的支援。一到南昌，罗石冰不顾舟车劳顿，立刻投入党组织的建设工作中。他根据要求，仔细研究九江党小组的发展情况和人员构成，将九江党小组升格为九江特支。此后，他精心挑选得力

1926 年 7 月，为了推翻帝国主义支持的北洋军阀统治，广州国民政府发表北伐宣言，吹响了北伐进军的号角

人员，派往各地发展党员、建立党组织。派去的同志克服了种种困难，深入群众，宣传党关于时局的主张，发展积极分子，各地纷纷建立起党小组或党支部。

1926 年 7 月，为推翻帝国主义支持的北洋军阀的反动统治，实现中华民族的独立、自由、民主和统一，国民革命军在广州誓师北伐。到了 8 月，具有重要战略地位的江西，局势日趋紧张。这时，由于长期奔波劳累，罗石冰的旧伤复发，每日头痛不已，无力应对日益繁重的工作。党中央于是派刘九峰从广东来赣，接

1926年7月9日，国民革命军在广州誓师北伐

1926年7月12日，中共中央发表《中国共产党对于时局的主张》，号召各阶级革命民众巩固革命的统一战线，支持北伐战争

替罗石冰的工作。江西地委因此改组，罗石冰任江西地委宣传部主任。经过短暂的休养，罗石冰伤病有所好转。这时北伐军即将入赣，党组织决定派罗石冰回吉安任中共吉安特支书记，发动群众，做好迎接北伐军的准备工作。

罗石冰返回吉安后，首先将工作的重点放在群众宣传方面。当时，群众普遍存在怕兵、恨兵的心理，这种心态犹如一道无形的屏障，阻碍着革命工作的推进。罗石冰敏锐地洞察到了这一问题，他深知要打破这道屏障，必须从根本上改变群众的思想认识。于是，他组织吉安各地的党员行动起来，他们到街头巷尾、田间地头、工厂作坊，宣扬反帝、反封建的进步思想，耐心细致地向民众讲解孙中山的联俄、联共、扶助农工三大政策。通过一场场生动的宣讲，民众开始认识到，北洋军是欺压百姓、违背人民意愿的反革命军阀，他们的存在是人民痛苦的根源；而北伐军则是国共合作的正义之师，是为了推翻帝国主义和封建军阀的压迫，为人民谋福祉而战斗的武装力量。罗石冰号召工农群众紧密团结起来，形成一股强大的力量，全力支援北伐军，共同消灭北洋军阀。

为确保北伐军顺利入境，罗石冰根据当地的地理情况和群众特点，合理分配任务。在一些交通要道和关键地点，他安排熟悉地形的群众担任向导，挑选身强力壮、责任心强的组成运输小队。他还组建了担架队，为可能到来的战斗做好充分准备。他从各地筹集了大量的粮食、柴草和慰问品，以确保物资的充足供应。此外，罗石冰还极具前瞻性地创建了情报站。他精心挑选并派遣值得信赖的同志，巧妙地打入军阀内部。这些同志冒着巨大的风险，及时获取重要情报。在他的指挥下，吉安中学的教职工与吉安的工人群众紧密配合，在一个寂静的夜晚，展开了一场惊心动魄的行动。他们将塘东到吉安一线的军用电线杆全部砍倒，成功切断了军阀部队的电讯联络和照明设施，大大削弱了敌人的战斗力和反应能力。

9月24日，激动人心的时刻终于到来，北伐军势如破竹，驻吉安军阀弃城逃窜，一弹未发，北伐军顺利进驻吉安城。10月初，秋高气爽，罗石冰在吉安主持召开了一场规模宏大、气氛热烈的欢迎北伐军庆祝胜利大会。会上，人们欢声笑语，载歌载舞，共同欢庆这来之不易的胜利。

北伐军进占武汉后，全国革命的重心转移到长江流域。为适应形势发展的需要，1926年11月，国民党中央决定将国民政府及中央党部由广州迁往武汉。11月下旬，宋庆龄、何香凝、鲍罗廷等人途经吉安的消息传来后，罗石冰组织吉安群众准备举办欢迎大会，他发布了《欢迎俄顾问暨中央党部各部长国民政府委员告农民书》，确定欢迎会上使用"拥护联俄联共政策""拥护国民政府""打倒军阀""国民革命成功万岁"的口号。

罗石冰组织群众迎接北伐军进城的神岗山渡口

吉安城内的中山场旧址

28 日，罗石冰组织群众来到赣江两岸，他们喊着响亮的口号沿江列队欢迎，后又在吉安城内的中山场举行盛大的欢迎大会。会场布置得庄重而充满活力，横幅飘扬，标语醒目，2000 余人汇聚而来。罗石冰在大会上发表了激情澎湃的演讲，他声音洪亮，铿锵有力地说道："北伐风暴，势不可挡！我们要分清敌人、朋友、兄弟和同志，努力实现三民主义。中国革命成功，是世界革命成功的一部分！"会场气氛十分热烈。

勇立潮头

北伐军攻克吉安城后，在罗石冰的领导下，吉安党组织和城乡工农运动均得到迅速发展，仅在 10 月和 11 月两个月的时间里，相继有 11 个党支部或小组成立。至 12 月，吉安特支共下辖 17 个支部、3 个小组，同时还领导永丰、万安、安福等县的党组织。

1927 年 1 月，中共中央决定将江西地委改为江西区委，同时，中共吉安特支相应改为中共吉安地委，罗石冰任书记，在吉安城书街办公，对外公开挂牌"赣西农运办事处"。

在吉安地委的组织引导下，工人的思想觉悟逐步提高，他们踊跃地参与到工会组织之中，举行了一系列要求改善工作条件和生活待遇的罢工活动。罗石冰在延福乡武家山召开的千人群众大会上，讲述北伐战争的胜利形势，号召农民团结一心，建立农

1926 年 10 月至 11 月，中共吉安特支领导建立的支部或小组

所属特支	支部或小组名称	建立时间
中共吉安特支	中共值夏支部	1926 年 10 月
	中共寨前支部	1926 年 10 月
	中共任家支部	1926 年 10 月
	中共芳洲支部	1926 年 10 月
	中共南湖支部	1926 年 10 月
	中共陈坑口小组	1926 年 10 月
中共吉安特支	中共路西小组	1926 年 10 月
	中共河湖小组	1926 年 10 月
	中共江前支部	1926 年 10 月
	中共群力支部	1926 年 11 月
	中共毓芳支部	1926 年 11 月

会，勇敢地与土豪开展抗租减息斗争。之后，他组织成立了吉安二区农民协会。

罗石冰十分重视革命舆论工作，不仅在吉安中学和阳明中学担任教师，向学生传播革命的道理，他还在吉安城书街开办了一家书店，取名吉光书店，寓意吉安的光明和希望，销售革命书刊，吸引了众多的进步青年和爱国学生。

北伐军占领南昌后，以蒋介石为代表的国民党右派开始向革命力量发动进攻。1927 年 3 月，赣州总工会委员长、中共赣州特支书记陈赞贤被反动分子杀害。吉安总工会和赣西农运办事处也

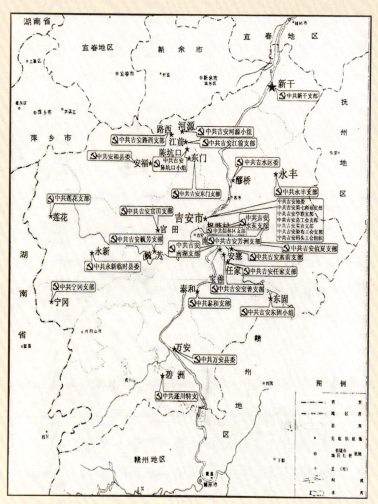

大革命时期吉安党组织分布图（1926年—1927年）

中共吉安地委旧址——吉安城书街

多次受到右派的袭击，工作人员受伤，办公场所被破坏，工作一度陷入困境。为此，3月底，罗石冰赴南昌向党组织汇报工作，他阐述了右派势力的暴行，并提出了一系列应对策略和请求支持的建议。就在这期间，南昌发生了反对国民党右派的暴动，中共江西区委鉴于当前的形势，决定调罗石冰到南昌，加强统一战线工作。5月下旬，罗石冰参加了国民党江西省第三次代表大会，会议重申坚决执行联俄、联共、扶助农工的三大政策，选举产生新的省执、监委员，罗石冰当选为执行委员。在次日举行的执、监委第一次常会上，罗石冰又当选为执委会常务委员。他迅速组

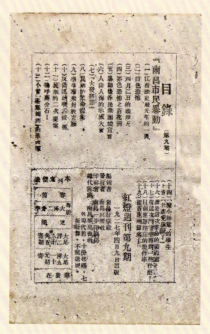

1927年3月，赣州总工会委员长、中共赣州特支书记陈赞贤被杀害，图为陈赞贤烈士遗像

1927年4月2日，南昌数千群众捣毁被国民党右派把持的江西省党部。图为发表《南昌市民暴动》一文的《红灯》目录

织特派员到各县，了解各地的实际情况，制定具体的工作计划和方案，与当地的党组织一起开展党部改组、工农会等团体的恢复工作。

4月12日，蒋介石在上海悍然发动反革命政变，公开叛变革命。7月15日，汪精卫在武汉召开"分共"会议，宣布与共产党决裂，随后对共产党员和革命群众实行大逮捕、大屠杀。一时间，白色恐怖笼罩着中华大地。

全国形势不断恶化，陷入了极度的混乱和危机之中。中共五大后，中共江西省委决定召开全省第一次代表大会。7月，大会在南昌松柏巷女子师范学校内秘密召开。革命的未来走向会怎样，接下来的工作要如何开展，罗石冰急需答案，他怀着无比沉重的心情秘密赶赴会场。罗石冰听取了中共五大的精神，发言分析当前复杂而严峻的政治形势，并与代表们展开讨论。大会选举中，首届中共江西省委应运而生，罗石冰被选为省委委员。他深知，这个职位意味着巨大的责任和风险，在如此艰难的局势下，每一个决策都可能影响着革命的形势和无数革命志士的命运，每一个计划都承载着江西民众对自由和解放的渴望，党的工作必须更加坚定、更加谨慎。他毫不退缩，始终相信，只要坚守信念，勇往直前，革命终将迎来胜利的曙光。

蒋介石发动四一二反
革命政变，大量屠杀
革命群众，图为工人
被枪杀现场

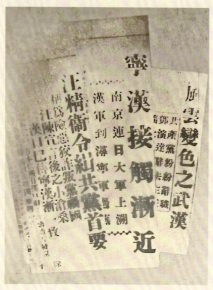

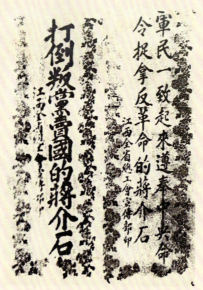

1927年7月15日，汪精卫等控制的武　江西省总工会张贴的反蒋标语
汉国民党中央决定"分共"。至此，由国
共两党合作的大革命宣告失败

真金不怕火炼　危难之际担责

LUO SHIBING

南昌起义

为了挽救中国革命，反抗国民党反动派的屠杀，1927 年 8 月 1 日 2 时，在中国共产党的领导下，南昌武装起义，打响了武装反抗国民党反动派的第一枪。

经过激烈的战斗，起义军占领了南昌城。8 月 1 日上午 9 时，国民党中央委员及各省、区、特别市、海外党部代表在江西省政府西华厅召开联席会议，决议组织中国国民党革命委员会。出席会议的有共产党员和国民党左派中央执行委员及各地党部代表 40 余人，罗石冰作为江西代表参加了此次联席会议。一直以来，罗石冰在工作中，始终秉持着严谨认真、一丝不苟的态度，他勤恳敬业，为人忠厚老实，深得大家信任，又曾经担任过上海总工会

1927 年的南昌城一角

南昌起义总指挥部——江西大旅社

南昌起义总指挥部会议厅——江西大旅社喜庆礼堂

罗石冰画传

江西省政府西华厅

中央委员及各省、区、特别市、海外
党部代表联席会议名单

中央委员	谭平山	吴玉章	彭泽民	恽代英	林祖涵	韩麟符
	高语罕					
	张曙时					
江 苏 直	孟湘鉴	王积衡				
顺 直	孟鸿乾					
福 建	蔡鸿景周					
哈 尔 滨	徐特立					
湖 南	徐特立	邹敬芳	方维夏			
山 西	王一德					
甘 肃	李 森					
四 川	刘伯承	李嘉仲				
新 疆	张开运					
东 北	陈日新					
安 徽	朱蕴山	黄灵赵	陈汉章			
上 海	丁晓先					
绥 远	韦党民					
浙 江	王贯三	彭泽				
广 东	彭湃	沈寿桢				
广 西	黄日葵	陈居笙				
潮 江	李立三					
江 西	姜济寰	罗石冰	黄道	李杜生	肖炳章	邓鹤鸣
	蒋毓侪	饶思诚				
欧 洲	熊禹九					
日 本	潘先甲					
暹 逻	林根祖	邓有一				
古 巴	董方城					

中央委员及各省、区、特别市、海外党
部代表联席会议名单，罗石冰作为江西
代表参加了此次会议

中国国民党革命委员会组织系统表

中国国民党革命委员会组织系统表

会计科副主任，经验丰富，罗石冰在这次会议上被推选为财政委员会委员。会议还决定第二天举行委员就职典礼和军民联欢大会。

时间紧迫，罗石冰主动提出负责就职典礼和军民联欢大会的筹备事宜。他从场地布置到活动流程策划、制定口号，再到人员调配与组织，事无巨细，亲力亲为。8月2日上午10时，南昌各界民众约5万人相聚在皇殿侧公共体育场，会场上人头攒动，鲜艳的旗帜高高飘扬，中国国民党革命委员会委员就职典礼和军民联欢大会如期召开。

1927年8月2日，中国国民党革命委员会在皇殿侧公共体育场召开就职典礼和军民联欢大会，庆祝起义的胜利和中国国民党革命委员会的成立

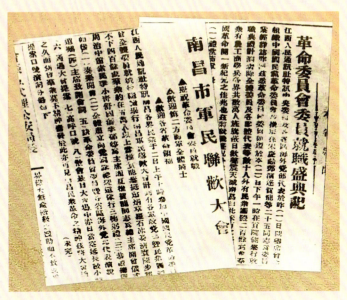

1927年8月3日《江西工商报》和1927年8月16、17日汉口《民国日报》有关中国国民党革命委员会委员就职典礼和军民联欢大会的报道

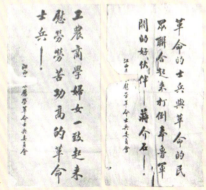

南昌人民欢庆胜利的标语

8月3日起，按照中共中央在起义前的决定，起义军开始分批撤离南昌。这天，刚结束慰问从武汉归来的江西民众慰劳前敌革命将士委员会负责人朱大桢，得知南昌起义胜利的消息后，内心激动不已，他立即带队来到国民党江西省党部。一踏入大门，朱大桢便四处寻找罗石冰的身影。终于，在一间办公室里见到了忙碌中的罗石冰。朱大桢快步走上前去，紧紧握住罗石冰的手，兴奋地说道："南昌起义胜利了！这是天大的好消息啊！"说着，

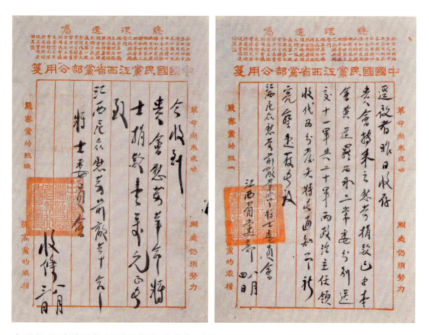

南昌起义时慰问起义军的捐款收条与回信

　　　　　　　　　　　　　　　　　　　　　　罗石冰画传

他从随行人员手中接过一个沉甸甸的包裹，里面装着 10000 元慰问金，郑重地交到罗石冰手上，"这是我们的一点心意，要慰劳革命将士们。"罗石冰听闻，脸上露出惊喜与感激："有了大家这样的关怀和鼓励，我们的将士们在前线英勇奋战，定会更加坚定信念，为了革命的胜利勇往直前！请您放心，这笔慰问金一定会用在最需要的地方，让每一分钱都发挥出最大的作用。"罗石冰当即代表江西省党部给朱大桢写了收条。第二天，罗石冰亲自将慰问金原封不动地转交到军队政治部后，又给朱大桢写了一封回信，告知他钱款已经送交。

起义军沿江西临川、宜黄、广昌等地南下，终于抵达广东境内，计划恢复广东革命根据地，然后重新举行北伐。罗石冰背着简单的行囊，随军行动，负责管理起义军的财务工作。战火纷飞，硝烟弥漫，枪炮声震耳欲聋，在临时搭建的简陋营帐内，罗石冰手中的笔快速地在账本上移动，对款项的用途进行严格审查，确保每一分钱都用在刀刃上。营帐外不时有士兵匆忙跑过，喊叫声、厮杀声此起彼伏，周围的地面不时因炮弹的冲击而微微颤抖，有时猛烈的炮击让营帐摇晃起来，尘土簌簌落下。罗石冰迅速用身体护住账本，待震动稍停，便又沉浸在账目之中。他的额头渗着汗珠，顺着脸颊滑落，滴在账本上，他却只是随手一抹，继续奋笔疾书。在物资匮乏、局势紧张的情况下，他想尽办

起义军主力在距离揭阳和汤坑各15公里的山湖地区与三倍于己的敌军激战两昼夜，图为山湖战役旧址

法精打细算，合理分配有限的资金，为起义军的后勤保障提供了有力的支持，为留存革命火种殚精竭虑。

9月28日，部队在广东揭阳、汤坑附近的战斗进行得异常激烈。虽然多次打退敌军的进攻，但终因伤亡过重，弹药匮乏，部队损失惨重，不得不撤出战斗，罗石冰也在混乱中不幸落入敌手。

敌人凶狠残暴，动不动就踢上一脚，催促他们快走。罗石冰等被押解至一处空旷的地方，敌人骂骂咧咧让他们伸开手掌。原来，敌人是想从他们手部皮肤的细腻程度来判断谁是领导，从而威逼利诱或残酷行刑，妄图获取我军情报。在这千钧一发之际，罗石冰巧借方便之名，成功摆脱了敌人的控制。逃脱后的罗石冰，不敢有喘息的机会，他先是躲藏到一户农民家里，在当地

农军的热心协助下，乔装成贩运瓷器的商人。一路上，他小心翼翼，避开敌人的耳目，前往饶平，后又搭乘轮船抵达厦门鼓浪屿。在这个陌生的地方，他四处寻找党组织的身影。过了一段时间，终于与中共福建省委取得了联系。福建省委对他的到来十分关切，安排他在一位渔民家中暂时居住，以躲避风头。

不久，考虑到工作的需要，福建省委调任罗石冰为中共福州市委书记。很快，罗石冰就遇到了难题，由于语言不通，无法与当地同志和群众进行交流，使得日常的工作变得异常艰难。

1928年初，罗石冰离开福建来到上海。在上海，他找到了这时在上海互济总会任秘书的刘九峰。两位好友在上海重逢，来不及分享分别后的见闻，罗石冰就病倒了。长期奔波辗转、居无定所，生活条件恶劣，罗石冰身心疲惫，头部旧伤发作，身体再也支撑不住，只能无奈地卧床休养。

一段时间后，党组织经过深思熟虑，考虑到国内白色恐怖的严峻形势、罗石冰的健康状况以及工作的实际需求，决定派罗石冰前往苏联莫斯科中山大学学习。党组织希望他能在相对安全和良好的环境中调养身体，充实自己，为日后回国继续投身革命工作做好充分的准备。

求学中大

1928 年的春天，空气中弥漫着新生与希望的气息，对于罗石冰来说，这也是一个充满离别与使命的时刻。在即将离开祖国奔赴远方之际，罗石冰怀着复杂的心情，给妻子写了一封长长的信。在信中，他告知妻子自己即将出国。他深知这一决定对于家庭来说意味着又一次的分离和未知，但他更明白自己肩负的革命使命。他用温暖的笔触鼓励妻子要坚定地拥护革命，因为那是为了千千万万人的幸福和未来。同时，他也满怀牵挂地叮嘱妻子要照顾好女儿，给予女儿足够的关爱和教育，让她在成长的道路上能够坚强和勇敢。

5 月左右，罗石冰跟随邓中夏一行数十人，从上海吴淞口出发。他们踏上一艘苏联"基辅"号货船，在波涛汹涌的大海上前行，目的地是海参崴。站在甲板上，面对广阔的海洋，罗石冰心潮澎湃、兴奋不已。他暗暗对自己说，这次去的地方是世界革命的中心，一定要完成党交给的任务。

抵达海参崴后，他们没有过多停留，甚至来不及欣赏这座海滨城市的独特风光，又马不停蹄地沿着横贯西伯利亚的铁路前往莫斯科。由于西方列强的经济封锁，苏联的煤炭供应陷入了极度紧张的局面，火车只能用木柴当燃料，这使得火车的运行速度异常缓慢，而且逢站必停。在这漫长且充满波折的旅途中，罗石冰没有焦躁不安。他总是神色从容，心境平和。每当火车停靠在某个站点，乘客们或是唉声叹气，或是焦虑地来回踱步时，他却总能找到一个相对安静的角落，轻轻地从行囊中取出一本珍贵的书籍，而后认真阅读起来。罗石冰的这一旅程，不仅是地理上的迁移，更是他革命征程中的又一个重要阶段。他带着对祖国的深深眷恋和对革命事业的无限忠诚，勇敢地迈向未知。

到达莫斯科的那一刻，难以抑制的兴奋如汹涌的浪潮，一下子把罗石冰旅途的疲惫一扫而光。这座城市就像一幅绚丽多彩的画卷，缓缓在他的眼前展开。风格独特的城市建筑错落有致地矗立在街头巷尾，教堂在阳光下闪耀着神秘的光辉，宏伟的宫殿彰显着昔日的辉煌，古朴的街道弥漫着浓厚的历史气息。罗石冰瞪大了眼睛，对眼前的一切感到无比新奇，目光急切地四处游走，简直目不暇接。

莫斯科中山大学坐落在沃尔洪卡大街 16 号，这是一所由共

罗石冰曾就读的莫斯科中山大学旧址

1925年5月15日，俄共（布）中央政治局关于在莫斯科组建中山大学的决议。
决议同意建立中山大学，并把中山大学的校址由西伯利亚改为莫斯科

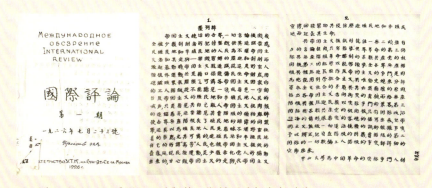

1926年9月23日，《国际评论》第一期封面及部分发刊辞

产国际支持建立、以培养中国无产阶级革命干部为基本目的的苏联高等院校。学校创办的第一年正是国共合作的"蜜月期"，国民党和共产党共同选派学生到莫斯科中山大学学习。1927年蒋介石叛变革命后，7月国民党方面宣布停止继续选派学生进入中山大学学习，大多数国民党员提前回国。学校于1928年更名为中国劳动者共产主义大学，但师生仍习惯称其为"中大"，此后，该校仅招收中国共产党选派的学生。正如《国际评论》的发刊辞所说，中山大学成为中国革命实际斗争人才的培养所。

由于中国革命的迅速发展，中山大学为有效而迅速地培养、训练高度熟练的政治工作人员，将学生的培养期限定为两年。主要教授的课程分为几个类别，语言课主要包括俄语、汉语，历史课程有社会形态发展史、世界历史、联共（布）及共产国际历史等，哲学课有辩证法及历史唯物主义、列宁主义等，政治经济课

莫斯科中山大学章程，规定学校的任务是对中国社会工作者进行社会政治教育

则教授政治常识、政治地理学、苏联社会制度讲解、苏联经济政治政策等。同时，学校在军事研究室配备了大炮、步枪、机枪、手榴弹等各种武器和地形沙盘，并结合实物讲解各武器的结构和使用方法。中山大学还安排学生到附近的军事院校参观，到兵营去打靶。1928 年，中山大学将来自东方大学中国班的 137 名学生和国内派出的 34 名学生，按照文化水平、外文程度和政治身份的不同进行分班，罗石冰被分在第 4 班。

罗石冰开始了忙碌的学习生活。他总是最早出现在教室里，清晨的阳光透过窗户洒在他专注的脸庞上，他埋首于俄语书籍之间，那一串串陌生的字母和复杂的语法规则并没有让他退缩，他一遍又一遍地重复着单词的发音，用笔在纸上认真地书写着，有时，他会因为一个发音不准确而反复练习数十遍，直到能够清晰准确地读出。课堂上，他全神贯注地聆听着教授的讲解，手中的笔不停地记录着关键的知识点。遇到不理解的地方，他会毫不犹豫地举起手提问，与教授和同学们展开热烈的讨论。他的思维活跃，观点独到，总能从不同的角度去思考和理解苏联的社会制度，并且尝试与中国的实际情况相结合。当研究苏联经济政治政策时，罗石冰更是展现出了非凡的专注和深入研究的精神，他翻阅大量的资料来补充课堂上的内容，仔细分析每一项政策的背景、目的和实施效果，并思考其利与弊的相互关系。在图书馆里，他常常一待就是几个小时，沉浸在书海之中，忘记了时间的流逝。他还会将不同的政策进行对比和总结，试图找出其中的规律和可借鉴之处。

1929 年夏天，在学校的安排下，罗石冰穿上军装，来到莫斯科附近的军事训练营进行野战训练，酷暑难耐，每天他都坚持训练 5 个小时，整整 60 个课时，从未有过一丝懈怠。除了常规的训练，还有一系列专项训练等着他。战术战斗编队准备培训中，他全神贯注地学习着每一个战略布局，思考着如何在战场上灵活应变；射击术培训时，他一遍又一遍地练习，力求每一次射击都能精准命中目标；对战斗技术设备的研究，他更是一丝不苟，不放过任何一个细节，努力掌握战斗设备的使用方法。在体能训练中，他一次次挑战自己的极限，让身体和意志都得到了极大的锤炼。

训练之余，参观工厂、农场以及坦克团、飞机场、装甲营、炮兵部队的活动，也让罗石冰大开眼界。他看到了现代化的工业生产，感受到了科技的强大力量，他憧憬着未来中国的革命斗争中能够运用这些先进的武器。

罗石冰在莫斯科的学习和参观活动，使他增进了对苏联社会的了解，促使他对社会制度、领导体制以及中国未来发展道路进行思考。他的眼神中多了一份坚毅，身姿更加挺拔，心中充满了对未来革命斗争的信心和勇气。他深知，前方的道路或许充满荆棘，但他已做好了充分的准备，为了心中的崇高理想，为了广大受苦受难的人民，他将义无反顾，勇往直前。

从1929年开始，中山大学的生源严重不足。1930年，共产国际、联共中央和中共中央一致决定，6月最后一批学生毕业后，中山大学停办。

临危受命

1930年秋，罗石冰结束两年留学生活，从莫斯科回到上海。10月1日，党组织分配他到山东任中共青岛市委宣传部部长兼秘书长。彼时，在罗石冰到任前近两年的时间里，山东省委和青

20世纪30年代的青岛

厂　名	厂址	所属会社	资　金	纱　锭		布　机		工　人	备　注 *开办年代
				已开	未开	已开	未开		
大康纱厂第一,二厂	上海腾越路	大日本纺织会社	5,000,000日元	58,080				4,000①	*一厂1922 二厂1923
丰田纱厂第一,二厂	上海极司非尔路	丰田纺织会社	5,000,000日元	60,768		400		3,450	*1921
裕丰纱厂	上海杨树浦路	东洋纺织会社	31,850,000日元	45,600				2,687	*1921
内外棉纱厂第六,十,十一	青岛四方	内外棉纺织会社		63,200				▲4,500	*1916
日清纱厂	青岛四方	日清纺织会社		20,600				▲1,400	*1921 一名隆兴纱厂
大康纱厂第一,二厂	青岛四方	大日本纺织会社	3,000,000日元	58,000				▲2,500	*1921
富士纱厂	青岛沧口	富士纺织会社	27,950,000日元	31,360				2,200	*1921
钟渊纱厂	青岛沧口	钟渊纺织会社		42,240	384	865		▲2,800	*1921
长崎纱厂	青岛沧口	长崎纺织会社		19,988				▲1,500	*1921 一名宝来纱厂

1925 年，在青岛的日商纱厂统计表

調查外人工厂經過之情形

青島社會　統計

本市華洋雜處，所有工廠約計七十餘家，外人佔其半數，當經派訪外商諮詢言者，分別前往調查，屢被拒絕，間有勉強應付者，亦閃爍其詞，探尋言解釋，又復整搞來巡經調查詢問，所得結果係四家，共計有二十七家，所有工廠面已，現表列如下。

四

廠名	所在地	國籍
山東火柴公司	台東	日商
青島火柴公司	四方	日商
陰島紗廠	四方	日商
内外紗廠	四方	日商
大康紗廠	四方	日商
富士紗廠	滄口	日商
鍾淵紗廠	滄口	日商
寶來紗廠	滄口	日商
華村油房	台東	英商
大英煙公司	台東	英商
卜内門礆公司		英商
原田礆工廠		日商
濱田礆工廠		
群泰木廠		
枕山礆工廠		

1929 年，青岛工厂国籍统计表（部分）

岛市委党组织接连遭到严重破坏，多名领导人被捕，可谓危机四伏。罗石冰临危受命，再一次踏上征程。不久后，代理中共青岛市委书记被国民党逮捕，罗石冰又继任代理中共青岛市委书记一职。

山东是中国重要的产业区之一，工人数量庞大，有 15 万人。青岛又是山东的工业中心，这里有纱厂、火柴厂、海员、铁路相关的大小工厂 70 多家，其中大都为外国资本所有，特别是日资，7 家纱厂有 5 家属于日资。

与上海小沙渡地区情况相同，这里的工人也面临着超长的工作时长、低廉的工资待遇以及恶劣的工作环境。他们在资本家的剥削下，生活困苦，为了争取自身的权益，在党的领导下，工人开始团结起来，反抗帝国主义和资本家的压迫。五卅以前，青岛铁路工人及纱厂工人举行同盟罢工，得到其他工人的积极响应，震动全国。大革命失败后，一系列斗争都遭到国民党的残酷镇压，许多党员和群众积极分子因公开露面而被捕、被杀，损失惨重。

罗石冰到青岛后，立刻投入恢复党组织、发动工人运动和党的宣传工作当中。

当时，逮捕工人随即开除的事件天天发生，整个青岛的工人都笼罩在一片阴霾之中。罗石冰心系工人群众，毫不畏惧险恶的

青島紗廠罷工潮擴大

二十五日青島電、紗廠罷工潮更形劇烈、內外與隆（譯音）兩廠之工人七千名宣布罷工、罷工者已達萬名、聞上海紗廠工人聯合會代表已來此、願予罷工者以精神上及物質上之助力、膠濟鐵路工廠工人聞有於今夜罷工表示同情之說、正竭力阻止罷工風潮之蔓延、並勸雙方互相讓步、罷工者既起通款家局無以自給、與有各商店組織互助會以濟助之、　路透社

1925 年 4 月 26 日,《民国日报》刊登《青岛纱厂罢工潮扩大》

本市八月份失業職工統計表

廠名	失業人數 男工	女工	童工	失業原因	失業期間	救濟機關	救濟方法
靜精紗廠（日商）	四三二	九六	五八	工人未能加入工作因不景氣之故一律停止工作	八月四日至十一月二十七日	本市社會局	分給遣移做邊三項
山東紗廠（日商）	五一〇	八四	六三	仝	仝	仝	仝
鈴木紗廠（日商）	二一〇五	三〇四	一一五	仝	仝	仝	仝
陸奧紗廠（日商）	九七	七六	一〇五	仝	仝	仝	仝
富士紗廠（日商）	一二三二	二一二	一一二	仝	仝	仝	仝
寶來紗廠（日商）	一三一一	一五〇	一五	仝	仝	仝	仝
內外紗廠（日商）	二五六四	三四四	七八	仝	仝	仝	仝
大康紗廠（日商）	二九五四	三四二	二八八	仝	仝	仝	仝
隆興紗廠（日商）	三〇三五	三九五	四四二	仝	仝	仝	仝

青島社會　統計　三

中華民國一八年十一月三十日　　青島特別市社會局生計股調查

1929 年 8 月，青岛失业职工统计表

各省新聞

青島工人大流血

丁潮將告解決……對日屈讓

1929 年 11 月 27 日,《益世报（北京）》刊登《青岛工人大流血》

罗石冰画传

环境，穿梭于各个工厂之间。根据省委的指示，罗石冰来到位于沧口的钟渊纱厂，他身着朴素的工装，头戴一项旧帽子，混在工人队伍中，避开敌人的眼线，寻找机会与工人亲切交谈。他用温和而坚定的语气询问工人的生活状况，了解他们的疾苦和诉求。工人看到罗石冰真诚的眼神和关切的态度，纷纷放下心中的顾虑，向他倾诉自己的困境。他从工人队伍中发展积极分子，健全党的组织。同时他督促同样位于沧口的宝来纱厂支部积极行动起来，发动工人斗争以援助钟渊纱厂。他与支部成员们围坐在一起，共同商讨斗争策略。他用手指在桌面上比画着，分析着当前的形势，强调团结的重要性。

20世纪20年代的青岛钟渊纱厂厂门和办公楼

20 世纪 20 年代的
青岛宝来纱厂

20 世纪 20 年代的
青岛内外棉纱厂

20 世纪 20 年代的
青岛大康纱厂

罗石冰画传

之后，罗石冰又组织位于四方的内外棉纱厂、大康纱厂的代表召开会议。会议在一个简陋的仓库里举行，昏暗的灯光下，代表们神情严肃。罗石冰站在众人中间，说道："同志们，我们现在面临着巨大的困难，但我们不能退缩。我们要团结起来，共同制定斗争纲领。"在他的领导下，大康、内外棉、隆兴、钟渊、富士、宝来、华新七家纱厂在原来工会的基础上成立了青岛七大纱厂工人联合会。工人更加有组织、有力量地与资本家进行抗争。

同时，他加紧组织开展宣传工作，亲自撰写宣传标语，用简洁有力的语言表达工人阶级的诉求。领导积极分子在工厂周围的墙壁上、电线杆上张贴标语，让更多的人了解工人的困境和斗争。10 月，在罗石冰的精心指导下，《青岛工人》更名为《青岛红旗》，变为 5 日刊。他不仅亲自参与报纸的编辑工作，改进排版技术，还鼓励群众积极投稿、勇敢批评，不断充实报纸内容。他反复强调，要让这份报纸真正成为指导斗争的有力武器，成为群众表达心声的重要喉舌。在他的努力下，《青岛红旗》作为市委机关报，一共出版了 7 期，为推动青岛的革命事业发挥了重要作用。

12 月 11 日，是纪念广州暴动的日子。在当时的青岛，党组织力量极为薄弱，仅有零散的十几名党员。罗石冰毅然凭借着这微弱的力量，组织党员在沧口、四方等地举行飞行集会，趁着工人上工或者放工的时机，进行演讲，向工人散发宣言、传单。工人纷纷驻足聆听。31日，罗石冰召集青岛工人代表开会，15家工厂共计30多名代表参会，青岛市工人联合会在这次会上宣告成立。

慷慨舍生就义　革命家庭流芳

LUO SHIBING

临终箴言

1931 年 1 月，寒风凛冽，上海的街头弥漫着紧张的气氛。为了参加党内的会议，罗石冰又一次来到了这座繁华的城市，住进了位于三马路 222 号的东方旅社 18 号房间。当时的东方旅社，是一家中等规模的西式旅社，拥有 110 个房间。因其交通便利、设施相对完备，吸引了众多来往上海的旅客选择在此居住。

1 月 17 日上午，罗石冰按照计划，先到九江路的南方旅社与刘九峰会面。久别重逢，两人目光交汇，瞬间涌起无尽的感慨。罗石冰讲述着在青岛的点点滴滴和收获，眼神中闪烁着坚定的光芒。他们回忆起曾经共同奋斗的日子，那些艰难险阻，那些热血沸腾的时刻，仿佛又回到了那个激情燃烧的岁月。会面结束后，下午罗石冰匆匆赶到东方旅社 31 号房间，准备参加即将举行的会议。然而，他丝毫没有察觉到，危险正一步步逼近。就在他踏入房间的那一刻，敌探突然出现，将他紧紧包围。罗石冰不幸被捕。

原来，国民党当局早已获得密报：17 日和 18 日，共产党有重要会议召开。他们迫不及待地张开了血腥的獠牙，17 日下午，敌人率先在东方旅社展开了抓捕行动，林育南、柔石、胡也频等 8 位同志未能逃脱敌人的魔掌。紧接着，这群穷凶极恶的敌人又

罗石冰被捕地点——三马路东方旅社（今汉口路613号）

扑向中山旅社，何孟雄、龙大道、欧阳立安等同志也不幸落入敌手。在随后的几天里，敌人展开了全城大搜捕，他们的行动疯狂而又严密。上海的大街小巷充斥着他们的身影，每一个角落都被他们翻了个底朝天。敌人不放过任何蛛丝马迹，妄图将共产党人一网打尽。在这场浩劫中，先后有 36 人被捕，上海的党组织遭受了极其严重的损失。

1 月 19 日上午，罗石冰等人在老闸捕房经历了一番审讯后，随即被引渡到国民党江苏高等地方法院第二分院。在该院刑庭开庭传讯的紧张时刻，罗石冰展现出了非凡的智慧和应变能力。他化名孙玉法，冷静地应对敌人的盘问。声称自己时年 30 岁，来自安徽，上午 7 点到闸北找王子官吃饭，之后一起到东方旅社是为了找姓彭的拿行李。他试图通过编造这样一套供词来迷惑敌人，为自己争取一线生机。然而，敌人早已获取了相关情报，对罗石冰的真实身份和革命活动了如指掌，已然认定他是"共党要犯"。很快，他们无情地将罗石冰等人再次引渡到上海市公安局，后又押到龙华国民党淞沪警备司令部看守所。

尽管罗石冰和众多被捕者一起身陷囹圄，但他们的革命意志却坚如磐石。在那阴暗潮湿的牢房里，罗石冰旧疾复发，仍坚持和"狱友"讨论理论问题，作长期坐牢的打算，面对敌人的威逼利诱和严刑拷打，始终咬紧牙关，坚守着内心的信念，不向敌人

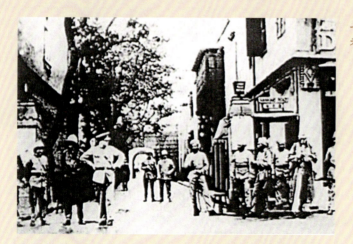

上海公共租界
老闸捕房

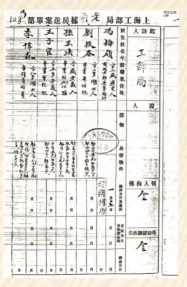

罗石冰（化名孙玉法）等的上海工
部局老闸捕房送案单

国民党淞沪警备司令部

吐露半点党的机密。他想方设法托人传递出一张四五寸长、用旧报纸边写下的便条。这张承载着他最后心声的便条，历经波折，先经过龙华旅馆的一位工友，而后交至交通员手中，最终辗转到了刘九峰那里。当刘九峰展开这张便条，上面简短却又力透纸背的话语直击人心。罗石冰写道："经党营救失败，生命已无希望，决心在最后的时刻坚持斗争。"这短短数语，犹如黄钟大吕，铿锵有力，每一个字都彰显着他作为一名共产党员的坚贞不屈，每一句话都体现着他献身于真理的大无畏英雄气概。

1931年2月7日晚，夜色如墨，笼罩着大地，却掩盖不住敌人穷凶极恶的嘴脸。在龙华国民党淞沪警备司令部监狱中，气氛阴森恐怖。敌人将罗石冰等24人依次点过名后，称要将他们移解南京，将他们从牢房提出。行至一处方塔附近时，敌人终于露出了狰狞的真面目，对他们宣布立即执行死刑。这些英勇的同志们或许心中早有预感，但他们毫无畏惧，始终高昂着头颅，目光坚定，神情从容。他们深知自己所从事的事业是正义的，是为了国家的未来和人民的幸福。死亡，在他们心中早已不是终结，而是另一种伟大的开始。当行刑队射出罪恶的子弹，烈士的鲜血染红了那片土地。罗石冰，这位为了革命事业奋斗不息的战士，生命永远定格在了三十五岁。

1945年4月20日，在中共六届七中全会上通过的《关于若

原国民党淞沪警备司令部刑场。1950年，上海市人民政府在此发掘出烈士遗骸

烈士遗物：铜元、毛背心和锁在烈士遗骸上的脚镣、手铐

1945年4月20日，中共六届七中全会通过《关于若干历史问题的决议》

干历史问题的决议》对二十四烈士作出了评价：林育南、李求实、何孟雄等二十几个党的重要干部，他们为党和人民做过很多有益的工作，同群众有很好的联系，并且接着不久就被敌人逮捕，在敌人面前坚强不屈，慷慨就义。

满门忠烈

在革命的洪流中，罗石冰作为家族中的带头人，为革命事业不懈奋斗，其英勇事迹激励着家族成员投身革命。罗石冰的二哥罗坤元、四弟罗恺元、侄女罗秋英、侄子罗道先后为革命献出了宝贵的生命。他们以坚定的信念和无畏的勇气，铸就了一段段可歌可泣的英勇篇章。

罗石冰的二哥罗坤元，1926年受回乡胞弟罗石冰的影响，加入中国共产党，追随塘东县九小校长参加战斗，他作战英勇，指挥有方，后在赣东北苏区红军中担任营长。1930 年，在方志敏等领导的攻打景德镇战斗中，他身先士卒，冲锋在前，英勇无畏地与敌人展开殊死搏斗。在战斗的关键时刻，他毫不退缩，为了突破敌人的防线，亲自带领一支敢死队冲锋，最终壮烈牺牲，年仅 38 岁。比罗石冰小两岁的四弟罗恺元，先是在延福地区开展农民运动，加入中国共产党。之后他出任峡江县苏维埃政府主席、中共分宜县委书记，大力推动土地改革，发展党组织，壮大革命力量。同在 1931 年不幸被捕，在狱中，他受尽酷刑，但始终坚贞不屈，最终惨遭杀害，年仅 33 岁。罗石冰大哥罗乾元的长女罗秋英，出生于 1909 年。1926 年，17 岁的她受到叔叔罗石冰的影响，走村串户，动员广大妇女挣脱封建礼教的束缚，投身革命。后来，她担任延福区苏维埃政府妇女委员会主任，组织妇女为前线战士做军鞋、送粮食，积极支援革命。1931 年被国民党反动派残忍杀害，年仅 22 岁。罗乾元的长子罗道，1913 年出生。15 岁便怀着满腔热血参加革命，担任红军学校教官。1933 年，随部队作战时为了保护战友，主动吸引敌人火力，最终壮烈牺牲，年仅 20 岁。罗石冰家族的成员们，为了革命事业前仆后继，无惧牺牲。他们的事迹令人敬仰，精神永垂不朽！

　　龙华二十四烈士之一罗石冰，在大革命时期曾是江西党组织的重要领导人之一，更是江西省吉安地区马克思主义的积极传播

革命烈士罗石冰三代亲属关系图

父辈	罗吉美　　郭　氏						
本辈	长女：罗长姑	长子：罗乾元，娶郭氏、沈氏	次子：罗坤元，娶周氏	三子：罗庆元（石冰），娶肖氏	四子：罗恺元，娶郭氏	五子：罗熏元，娶刘氏	小女：罗春仔
儿辈		罗秋英（女），罗道，罗炎泉，罗秀英（女），罗莲英（女），罗新泉，罗海珠（王济根）	罗金泉，罗才英（女），罗玉泉	罗亚冰（女）	罗锦泉，罗富英（女），罗渊泉	罗荷英（女）	

革命烈士罗石冰三代亲属关系图

龙华二十四烈士墓

者与党组织的卓越组建者。在那风云激荡的岁月里，他始终坚定地行走在革命的道路上，以无畏的勇气和顽强的精神，为了心中的理想和信念而不懈奋斗。1931年2月7日，他在上海龙华英勇就义，他短暂而光辉的一生，是为真理而不懈斗争的一生，他用自己的热血和奉献，为党和人民的伟大事业作出了极其可贵且不可磨灭的贡献，他的事迹和精神如同璀璨的星辰，永远闪耀在历史的天空，激励着无数后来者为了实现中华民族伟大复兴而奋勇前行。

罗石冰大事年表

1896 年

10 月 7 日　出生于江西省庐陵县延福乡大安井头村。

1903 年

在本村私塾学习。

1908 年

就读于本村经馆。

1911 年

以优异成绩考取吉安庐陵高等小学堂。

1914 年

考取江西省立第一师范学校。

1919 年

江西省立第一师范学校毕业，后任吉安县立高等小学校理科教员。

同当地恶势力作斗争。

1924 年

2 月　考取上海大学社会学系。

加入中国共产党。

夏秋之间，加入中国国民党，参加统一战线工作。

1925 年

到沪西工友俱乐部，从事工人运动。

2 月　参与领导"二月罢工"。

6 月　被调到上海总工会任会计科副主任。

8 月 22 日　同捣毁上海总工会的暴徒搏斗，头部、腰部、背部受伤，被送往宝隆医院抢救。

1926 年

1 月 22 日　回到吉安。

1 月 26 日　在江西省立第七师范学校建立吉安第一个党组织——中共吉安小组。

下旬　建立吉安第一个农村党支部——中共延福支部。发展国民党员，建立国民党区分部，指导开办平民夜校。

3 月　将吉安党小组扩大为吉安特支。

3 月 24 日　组织召开吉安全体团员大会，成立共青团吉安地方委员会。

4 月 1 日　主持召开吉安市民声讨北洋军阀罪行大会，组织"京案后援会"，发表《为日本走狗段祺瑞残杀北京学生告民众书》。

4月8日　赴南昌，任江西地委书记兼宣传部部长。

8月　任江西地委宣传部部长、吉安特支书记。

10月　主持召开欢迎北伐军庆祝胜利大会。

组织建立中共值夏支部、中共寨前支部、中共任家支部、中共芳洲支部、中共南湖支部、中共陈坑口小组、中共路西小组、中共河源小组、中共江前支部。

11月　组织建立中共群力支部、中共毓芳支部。

11月28日　组织欢迎宋庆龄、何香凝、鲍罗廷等人的大会。

年底　成立吉安二区农民协会。

1927 年

1月　任吉安地委书记。

5月　任国民党江西省执委会常务委员。

7月　任中共江西省委委员。

8月1日　参加八一南昌起义，作为江西代表参加国民党中央委员及各省区海外党部代表联席会议，后被任命为中国国民党革命委员会财政委员会委员。

8月2日　参加南昌军民联欢大会。

8月3日　接收江西民众慰劳前敌革命将士委员会慰问金并回信，后随部队南下，负责财政工作。

9 月 28 日　部队在广东战败，被俘，后在当地农军帮助下逃出，至厦门。后任中共福州市委书记。

1928 年

到沪。

春　从上海启程到莫斯科中山大学就读。

1930 年

秋　回到上海。

10 月 1 日　任中共青岛市委宣传部部长兼秘书长。

10 月 31 日　代理中共青岛市委员会书记。

12 月　领导成立青岛七大纱厂工人联合会。

12 月 11 日　组织纪念广州暴动飞行集会。

12 月 31 日　领导成立青岛市工人联合会。

1931 年

1 月　到上海参加会议。

1 月 17 日　在东方旅社被捕。

2 月 7 日　于龙华就义。

参考文献

1. 中共上海市委党史研究室:《中国共产党上海历史·第1卷（1921—1949）》(上册)，中共党史出版社 2022 年版。

2. 严爱云主编、中共上海市委党史研究室编:《中国共产党在上海 100 年》，上海人民出版社 2021 年版。

3. 中共江西省委党史研究室:《中国共产党江西历史·第1卷（1921—1949）》，中共党史出版社 2021 年版。

4. 中共山东省委党史研究院（山东省地方志研究院）:《中国共产党山东历史·第 1 卷（1921—1949）》(上册)，中国党史出版社 2021 年版。

5. 中共吉安市委党史工作办公室编:《中国共产党吉安历史·第 1 卷（1921—1949）》，中共党史出版社 2011 年版。

6. 张友南、肖居孝、匡小明:《吉安革命史》，国家行政学院出版社 2008 年版。

7. 中央档案馆、江西省档案馆编:《江西革命历史文件汇集 1923 年—1926 年》，1986 年版。

8. 中共江西省委组织部、中共江西省委党史资料征集委员会、江西省档案局：《中国共产党江西省组织史资料·第1卷（1922—1987）》，中共党史出版社1999年版。

9. 中共吉安县委组织部、中共吉安县委党史资料征集办公室、吉安县档案馆：《中国共产党江西省吉安县组织史资料（1926.1—1987.10）》，中共党史资料出版社1990年版。

10. 刘智艺主编：《吉安革命史画册通览》，江西人民出版社2014年版。

11. 南昌八一起义纪念馆编：《南昌起义》，中共党史资料出版社1987年版。

12.《20世纪20年代的上海大学》（上卷），上海大学出版社2014年版。

13.《上海大学（1922—1927）师生回忆录》，上海大学出版社2021年版。

14. 洪佳惠编：《〈民国日报〉中的上海大学（1922—1927）》，上海大学出版社2021年版。

15. 中央档案馆等编：《上海革命历史文件汇集·中共上海区委文件（1925年—1926年）》，1986年版。

16. 中央档案馆等编：《上海革命历史文件汇集·青年团上海地委文件（1925年—1927年）》，1986年版。

17. 山东省档案馆、山东社会科学院历史研究所合编：《山东革命历史档案资料选编·第2辑（1929—1931）》，山东人民出版社1981年版。

18. 上海社会科学院历史研究所编：《五卅运动史料》第1卷，上海人民出版社1981年版。

19. 上海社会科学院历史研究所编：《五卅运动史料》第2卷，上海人民出版社1986年版。

后 记

当这本书终于要呈现在读者面前时，本人心中涌动着诸多感慨。

本书为"龙华英烈画传系列丛书"之一，在资料搜集的过程中，本人走访了罗石冰故居、八一南昌起义纪念馆、中华全国总工会旧址、沪西工人半日学校史料陈列馆、上海图书馆、上海市档案馆，得到了以上单位的热情相助。在本书的编写过程中，承蒙中共上海市委党史研究室、罗石冰烈士家属、吉安市中共党史学会理事刘来兴、龙华烈士纪念馆副馆长沈申甬等的悉心指导，在此，一并向各单位领导、专家、烈士亲友表示感谢。

本书在本馆征集资料的基础上加以筛选、补充和校核整理，编入的资料主要有：历史文献、回忆资料、文物和旧址的照片、参考资料等。收入本书的档案资料，已与原件进行核定，为保持资料的原貌，未予改动。对部分需要说明的资料，以页下注的方式，作了简要的注释。由于学识有限、经验不足及部分一手档案资料无法获悉等原因，内容难免存在有所疏漏或表述不当之处，望广大读者不吝赐教，敬请予以批评指正。

吴晓丽

2024 年 6 月

图书在版编目(CIP)数据

罗石冰画传 / 中共上海市委党史研究室,龙华烈士
纪念馆编 ; 吴晓丽著. -- 上海 : 上海人民出版社,
2025. -- ISBN 978-7-208-19306-2

Ⅰ. K827＝6

中国国家版本馆 CIP 数据核字第 2024Z2G645 号

责任编辑　李　莹
封面设计　周伟伟

罗石冰画传
中共上海市委党史研究室 编
龙 华 烈 士 纪 念 馆
吴晓丽 著

出　　版　上海人民出版社
　　　　　（201101　上海市闵行区号景路 159 弄 C 座）
发　　行　上海人民出版社发行中心
印　　刷　上海中华印刷有限公司
开　　本　720×1000　1/16
印　　张　9.5
字　　数　77,000
版　　次　2025 年 1 月第 1 版
印　　次　2025 年 1 月第 1 次印刷
ISBN 978 - 7 - 208 - 19306 - 2/K · 3449
定　　价　68.00 元